Georg Renöckl

111 Orte im Mühlviertel, die man gesehen haben muss

111

emons:

Bibliografische Information der Deutschen Nationalbibliothek
Die Deutsche Nationalbibliothek verzeichnet diese Publikation in der Deutschen Nationalbibliografie; detaillierte bibliografische Daten sind im Internet über http://dnb.d-nb.de abrufbar.

FSC www.fsc.org
MIX
Papier aus verantwortungsvollen Quellen
FSC® C083411

Gestaltung: Eva Kraskes, nach einem
Konzept von Lübbeke | Naumann | Thoben
Kartografie: altancicek.design, www.altancicek.de
Kartenbasisinformationen aus Openstreetmap,
© OpenStreetMap-Mitwirkende, ODbL
Druck und Bindung: CPI – Clausen & Bosse, Leck
Printed in Germany 2022
ISBN 978-3-7408-1431-1

Vorwort

Wege entstehen dadurch, dass man sie geht. Länder manchmal auch. Das Mühlviertel ist entlang alter Handelsrouten von der Donau in Richtung Norden entstanden. Die Rastplätze und Schnittpunkte dieser Wege prägen das Land bis heute, so wie die Grenzen, an und über die sie führen.

Lange vor den großen Rodungen im Mittelalter hinterließen frühere Bewohner geheimnisvolle Spuren an den Granitfelsen, von denen das Land übersät ist. Spätere Siedler hauten die Steine zu Quadern zurecht, aus denen sie Burgen bauten, sie fügten sie zu kunstvollen gotischen Gewölben oder zu Klein- und Flurdenkmälern, an denen es sich zu verweilen lohnt. Aus Granit bestehen auch viele Bauernhöfe, bei deren Bau der knappe Kalk nur dort eingesetzt wurde, wo es unbedingt nötig war. Die größeren, frei gebliebenen Steine gaben dem unverkennbaren Mühlviertler Baustil seinen Namen: Steinbloß.

Aus dem Granit quillt weiches Wasser, das von Färbern, Brauern und Kurgästen seit jeher geschätzt wird. Adalbert Stifter erhoffte sich davon Linderung seiner vielen Leiden. Der Dichter des Böhmerwaldes war der Erste, der dem Zauber des Ausblicks, den das Mühlviertel an vielen Tagen bietet, weltliterarische Ehren zuteilwerden ließ. Nach wie vor zieht es die Bewohner der Ebene, die dem Mühlviertel zu Füßen liegt, aus dem Winternebel oder zur Sommerfrische auf die zu Hügeln abgeschliffenen Gipfel des einstigen Hochgebirges, von denen man wie auf Augenhöhe auf die Alpen blickt. Nicht nur durch den zeitlosen Reiz seiner Landschaft, die Schönheit seiner alten Mauern und die hohe Qualität von Luft, Wasser und Nahrhafterem aller Art ist das Mühlviertel aus dem Schatten des toten Winkels getreten, in dem es einmal lag. Es ist auch als Heimat kreativer und im besten Sinn eigenwilliger Menschen bekannt. Ihr spröder, aber unbestreitbarer Charme trägt entscheidend zum Reiz dieses Landes der alten Wege bei. Gute Reise!

111 Orte

1 Das Marterl

Unendliche Unmöglichkeit – oder umgekehrt

Zwei Hände, die sich gegenseitig zeichnen. Ein Stiegenhaus, in dem man ständig bergab und doch im Kreis geht. Wasser, das von einem Wasserfall wegfließt, um dann doch wieder ganz oben anzukommen und in die Tiefe zu stürzen. Die unmöglichen Bilder des niederländischen Künstlers Maurits Cornelis Escher bringen die Fixpunkte, die wir zur Orientierung in Raum und Zeit brauchen, zum Tanzen und unsere Gehirnzellen dadurch zum Glühen.

Inspiriert wurde Escher vom Künstler Oscar Reutersvärd und dem Mathematiker Lionel Penrose, die schon vor ihm unmögliche geometrische Figuren konstruiert hatten. Dass er auch im Mühlviertel eine Inspirationsquelle gefunden hätte, konnte er nicht ahnen: Ein Marterl bei Afiesl erinnert an ein Kind, das durch eben dieses Marterl erschlagen wurde. Moment: Wie kann ein Denkmal an einen Todesfall erinnern, den doch erst dieses Denkmal verursacht hat?

Des vermeintlich vertrackten Rätsels recht einfache Lösung: Der Bildstock, der die Jahreszahl 1861 trägt, stand natürlich schon längst da, als ein elfjähriger Knabe im April 1906 auf ihm herumkletterte. Das schwere Marterl aus Granit stürzte um und begrub das Kind unter sich. Eine Tafel, die das tragische Ereignis erklärt, wurde danach an den Bildstock geschraubt: »Steh still, Erdenpilger! Und denk an den Tod hier! Der Bildstein zerschlug hier im Sturze das Haupt mir«, ist dort zu lesen. Tatsächlich steht man einige Zeit still, bis man das Bild begriffen und den Text entziffert hat. Und danach auch noch, weil einem das Kind und seine Eltern nur leidtun können.

Bei aller Betroffenheit kann einem vor dem traurigen Bildstock aber auch ein anderer Gedanke kommen: Wäre ein Marterl, das tatsächlich an denjenigen erinnert, der beim Aufstellen eben dieses Marterls tödlich verunglückte, nicht eine würdige Aufgabe für jemanden wie M. C. Escher gewesen? Wie sähe es wohl aus?

Adresse Oberafiesl 16, 4170 Afiesl | **Anfahrt** von Haslach kommend bei Raiden von der B38 auf die Afiesl-Guglwald-Bezirksstraße abbiegen und dieser bis zur Abzweigung Oberafiesl folgen, Bildstock auf der Wiese gegenüber dem Haus Oberafiesl 16 | **Tipp** Ein weiteres interessantes Flurdenkmal heißt Krieggattern, es befindet sich direkt an der österreichisch-tschechischen Staatsgrenze, wenn man dem Wanderweg von Innenschlag geradeaus bis zur Staatsgrenze nach Norden folgt. An dieser Stelle wurden am Ende des Dreißigjährigen Krieges drei schwedische Deserteure hingerichtet und begraben.

2 Das Vogelmuseum

Vöglein, seid ihr alle da?

Immer dünner klingt die gezwitscherte Antwort. Schon 1976 ist etwa die Blauracke aus dem Mühlviertel verschwunden, weil ihr die vielen Insektizide das Futter vergiftet haben. Auch den Großen Triel oder die Schmarotzerraubmöwe findet man längst nicht mehr im Böhmerwald, wo sie einst heimisch waren.

Dennoch ist das Vogelmuseum in der alten Volksschule von Aigen kein Museum für ausgestorbene Tierarten, sondern eine lebendige Forschungseinrichtung. Sein Leiter Reinhold Petz hat in den letzten Jahrzehnten 70.000 Vögel beringt. Gemeinsam mit dem Max-Planck-Institut wertet er die Spuren der von ihm markierten Vögel aus, etwa von Mönchsgrasmücken, die bis Großbritannien fliegen. Doch auch über Amsel, Drossel, Fink und Co. weiß der Vogelkundler Erstaunliches zu berichten: 4.000 Kilometer kann ein Bergfink innerhalb von 60 Tagen zurücklegen. Mit durchschnittlich 200 Kilometern pro Stunde ist der Mauersegler unterwegs, der auf Nahrungssuche auch schnell einmal einen Abstecher nach Kärnten macht. Noch flotter ist der Wanderfalke, der es im Sturzflug auf 356 Kilometer pro Stunde bringt. Sicherlich langsamer, dafür im Wettessen kaum zu schlagen ist hingegen ein von Reinhold Petz beforschtes Waldkauzpärchen, das in zwei Wochen 198 Mäuse verdrückte – deren Schädel zum Beweis fein säuberlich im Museum aufgelegt sind.

Neben dem Staunen kommt man dort vor allem ins Grübeln: Ein vermeintlich kuscheliges Nest aus Glaswolle wurde zur Todesfalle, da sich die Fasern durch die empfindliche Haut der Jungvögel bohrten. Achtlos herumliegendes Baumaterial ist aber nicht die größte Sorge des Ornithologen. Es ist vor allem der Schwund an Lebensraum, der den ursprünglich 220 Wildvogelarten des Böhmerwaldes zusetzt. Auch die Insekten werden von Jahr zu Jahr weniger. Es braucht dringend mehr Freiräume für beide, wollen wir nicht eines Tages allein im Wald pfeifen.

Adresse Kirchengasse 8 (im Kulturhaus), 4160 Aigen | **Anfahrt** über die B127 nach Aigen-Schlägl, am Stift vorbei nach Norden ins Zentrum von Aigen, Kulturhaus hinter der Kirche | **Öffnungszeiten** Mai–Sept. Sa, So 15–17 Uhr oder nach Vereinbarung unter Tel. 07281/8047 | **Tipp** Wer nach dem Museumsbesuch Lust auf Vogelgezwitscher in der freien Natur hat – die Michaelsquelle gleich nördlich von Aigen ist über die Stifterstraße und den Ortsteil Grünwald leicht zu erreichen und ein schönes Ziel für einen Waldspaziergang.

3 Der Schneckenturm

Nichts für schnelle Checker

Eilige (Durch-)Reisende suchen gern nach Plätzen, an denen sie alle Besonderheiten einer Gegend auf einmal vorfinden – um nach einem Selfie ein »Check« auf ihrer Häkchenliste machen und weiterhetzen zu können. Falls jemand Lust darauf hat: Allerheiligen könnte für das Mühlviertel einer dieser Orte sein. So viel Typisches auf so engem Raum findet man selten. Weithin sichtbar steht auf dem 568 Meter hohen Hügel eine spätgotische Wallfahrtskirche aus Granit. Sie birgt in ihrem Inneren mehrere Schätze, der größte ist eine der ältesten Orgeln des ganzen Landes. In unmittelbarer Nachbarschaft befindet sich ein Fels mit einem Schalenstein, auf dem man im Jahr 1504 eine kleine Kapelle, das »Hüttl am Heiligenstein«, errichtete – so wurde ein heidnisches Heiligtum einfach umgewidmet, eine in der Gegend bewährte Vorgehensweise. Über einen weiteren Schalenstein stolpert man beinahe beim Rundgang um die Kirche, und auch beim Bauernhof Ratzhofer mit der Hausnummer 14 liegen Steine, die man heute für die Orte von Tieropfern in prähistorischer Zeit hält.

Kultisch oder wenigstens kultig sieht auch der Pechölstein beim Haus Allerheiligen 28 aus. Auf diesen Steinen wurden Meiler aus Kiefernholz aufgerichtet, um daraus Harz zu gewinnen – eine im Unteren Mühlviertel einst weit verbreitete Praxis, die man nirgends sonst findet.

Untypisch ist hingegen der Blick über das Land: Der ist nämlich sogar für das an Aussichtspunkten reiche Mühlviertel herausragend. Man genießt ihn am besten vom Schneckenturm aus, einem an die Kirche angebauten schmalen Türmchen, dessen Schlüssel man im Gemeindeamt bekommt. Nach 62 Wendeltreppenstufen blickt man vom Böhmerwald nach Karlstift, zum Ötscher, in die Salzburger Bergwelt, zum Sternstein, nach St. Thomas am Blasenstein und zum Pöstlingberg. So macht auch das Abhaken Freude. Allzu schnell wieder weg will man danach halt eher nicht.

Adresse Allerheiligen 10, 4320 Allerheiligen im Mühlkreis | **Anfahrt** von Perg in nördlicher Richtung über die Lebinger Straße, stets dem Straßenverlauf folgend | **Öffnungszeiten** Schlüssel zum Schneckenturm im Gemeindeamt erhältlich unter Tel. 07262/580120 | **Tipp** Ein markant-mühlviertlerischer Granitfelsen ist der Falkenstein im nahen Naarntal, der laut alten Sagen vom Teufel hier aufgestellt wurde, um den Fluss aufzustauen und die Menschen zu ertränken.

4 Die Fresken

Was von den Pragern übrig blieb

Dass ihn seine Standesgenossen als Emporkömmling verachteten, dürfte Lassla Prager herzlich egal gewesen sein. Er war Erbmarschall von Kärnten, kaiserlicher Rat, Kämmerer und Truchsess. Einfluss verschaffte ihm aber vor allem seine Eigenschaft als Geldgeber des Kaisers. Im heutigen Oberösterreich erwarb er zahlreiche Grundherrschaften und ließ in Mauthausen Schloss Pragstein bauen. Zwei Generationen später war es mit dem Glanz der Prager auch schon wieder vorbei. Als Protestanten mussten sie die habsburgischen Lande verlassen.

Einer ihrer schärfsten Gegner war ein gewisser Joachim Enzmilner. Der später in den Adelsstand erhobene Sohn eines schwäbischen Schulmeisters verfolgte neben den Protestanten auch handfeste wirtschaftliche Interessen und kam zu großem Reichtum. 1636 kaufte er die Herrschaft Windhag, die einst den Pragern gehört hatte, und ließ dort im Stil der Renaissance das seiner Meinung nach »vornehmste Prachtschloss im Land ob der Enns« erbauen.

Privat hatte Enzmilner weniger Glück: Von 15 Kindern, die seine Frau auf die Welt brachte, erreichte als einzige Tochter Eva Magdalena das Erwachsenenalter. Sie trat in den Dominikanerinnenorden ein, wurde Priorin und ließ das Schloss ihres Vaters nur 25 Jahre nach der Fertigstellung wieder abreißen, um Baumaterial für ihr neues Kloster zu gewinnen. Dieses brannte zehn Jahre später nieder.

Fast nichts war von den mächtigen Familien übrig geblieben, die so erbittert um die Herrschaft im Land gekämpft hatten. Bis der Altenburger Pfarrer im Jahr 1907 die Familiengruft in der alten Kirche öffnen ließ. Oberhalb von zwölf Särgen mit den sterblichen Überresten einiger Mitglieder der Familie Prager entdeckte man einen erstaunlich gut erhaltenen Freskenzyklus aus dem Jahr 1514. Die Farben wirken heute noch so frisch, als wären die einstigen Herren von Windhag gerade erst beigesetzt worden.

Adresse Altenburg 4, 4322 Altenburg | Anfahrt wenige Kilometer nordöstlich der Stadt Perg an der Straße in Richtung Pabneukirchen | Öffnungszeiten Gruft nach Voranmeldung unter Tel. 07264/4255 zu besichtigen | Tipp In einer einstündigen Wanderung erreicht man die Burgruine Windhaag. Sie wird von einem privaten Verein mustergültig instand gehalten und ist ein hervorragender Aussichtspunkt.

5 Die Wolfsschlucht

Österreichs musikalischster Wasserfall

Stundenlang musste man den Musikanten Gottes suchen, der beim Mittagessen plötzlich verschwunden war. Man fand ihn in misslicher Lage wieder. Hinter einem Wasserfall hatte er sich so in eine Felsnische gekauert, dass er weder vor noch zurück konnte. Der Grund für das ungewöhnliche Versteck des empfindsamen Komponisten: Seine Nerven hätten das Getöse der böhmischen Blasmusik nicht ertragen, die zum Mittagessen aufgespielt hatte. Im Vergleich klinge das Rauschen des Wasserfalls wie göttliche Musik in seinen Ohren.

Tatsächlich könnte der Kontrast zu einem Blasmusikkonzert nicht größer sein: In stiller Waldeinsamkeit liegt die steile Schlucht mit ihren vielen kleinen Wasserfällen heute unterhalb der Burg Kreuzen. Zu Bruckners Zeiten dürfte hier wesentlich mehr los gewesen sein. 1845 wurde das romantische Fleckchen Erde nach den Lehren des österreichisch-schlesischen Naturheilkundlers Vincenz Prießnitz zur Wasserheilanstalt umfunktioniert. Schon Jahrzehnte vor Sebastian Kneipp, der später zu seinem Schüler werden sollte, hatte Prießnitz eine Form der Hydrotherapie entwickelt. Wichtige Elemente dabei waren Diäten, kalte Duschen und das Prinzip der Abhärtung.

Die von ihm gegründete Kuranstalt im einstigen Gräfenberg, das heute Jeseník heißt, existiert noch immer. In der Schlucht bei Bad Kreuzen erinnern hingegen nur noch Gedenktafeln an das »Wiener Vollbad« oder die »Herrendusche«, die hier einst nach Prießnitz' Ideen angelegt wurden. Die schlichten Vorrichtungen von damals sind längst verschwunden, es braucht entsprechend Phantasie, um sich vorzustellen, wie die Schlucht ausgesehen haben muss, als hier elegant gekleidete Menschen im eiskalten Wasser unter freiem Himmel Heilung für ihre Nerven- und sonstigen Leiden suchten. Sie sehen vor dem inneren Auge so ganz anders aus als wir heutigen Wellnessurlauber. Womöglich stilvoller.

Adresse Greinerwaldstraße, 4362 Bad Kreuzen | ÖPNV stündliche Busverbindung von der Schiffsanlegestelle Grein | Anfahrt von Grein auf der »Österreichischen Romantikstraße« nach Bad Kreuzen, dort am besten zu Fuß vom Parkplatz beim Gasthaus Aichinger (Neuaigen 1) | Tipp Wer wie Bruckner auf der Suche nach Ruhe ist, findet diese auch in nördlicher Richtung: Ein Wanderweg führt durch das kaum besiedelte »Stille Tal« von Bad Kreuzen nach Pabneukirchen.

6 Der Blaudruck

Einer muss der Letzte sein

Brauchte es wirklich eine vierte Färberei in Bad Leonfelden? Karl Wagner aus Hohenfurth, dem heutigen Vyšší Brod, sah das Potenzial. Er war lange auf der Walz gewesen, hatte in Basel, Freiburg, Frankfurt, Dresden, Berlin, Hamburg und Prag gearbeitet und genug Geld gespart, um die zur Brauerei gewordene Badehütte bei der Maria-Schutz-Kirche zu kaufen. 1878 baute er das Haus zur Färberei um.

Die Färberküpen, riesige steinerne Bottiche, die er im Wirtschaftstrakt der alten Brauerei installierte, sind heute noch in Verwendung. Rundherum hat sich freilich vieles geändert: Die bleierne Wasserleitung, die das heilkräftige Moorwasser bis zur Maria-Schutz-Kirche brachte, wurde im Ersten Weltkrieg abgebaut und zu Munition umgeschmolzen. Der Kurbetrieb kam für Jahrzehnte zum Erliegen. Karl Wagners Färberei, die heute »Blaudruck Wagner« heißt, ist nicht mehr eine von vier Färbereien in Bad Leonfelden, sondern die einzige – im ganzen Mühlviertel.

Gerettet wurde die Tradition durch Innovation: Der dritte Karl der Dynastie und Enkel des Gründers machte die alte Färberei zu einer der ersten Wäschereien und chemischen Reinigungen der Region und konnte das Unternehmen dadurch bewahren. Das Färberwissen blieb in der Familie. Auch der Urenkel des Firmengründers und vierte Karl in Serie ist Färbermeister und führt den Betrieb gemeinsam mit seiner Frau Maria. Nicht nur die Küpen aus dem 19. Jahrhundert, auch 200 alte Modeln, mit denen die traditionellen Muster auf das Leinen aufgetragen werden, blieben erhalten. Sie sind ein sorgsam gehüteter Schatz: Eine kaputte Model ist unersetzlich, denn der letzte Modelstecher Europas lebt in Thüringen und ist schon über 80 Jahre alt. In die Zukunft blickt Maria Wagner dennoch gelassen – Veränderungen anzunehmen und sich dabei selbst nicht aufzugeben, das hat man hier schon immer gut geschafft.

Adresse Kurhausstraße 11, 4190 Bad Leonfelden, www.blaudruck.at | **Anfahrt** von Linz über die Leonfeldner Straße nach Bad Leonfelden, Färberei auf halbem Weg zwischen Zentrum und Kurhaus | **Öffnungszeiten** Besichtigung nach Vereinbarung unter Tel. 0676/5858101 | **Tipp** Werfen Sie unbedingt einen Blick in die üppig barocke Kirche Maria Schutz am Bründl, und machen auch Sie einen Spaziergang durch den von gut beschilderten Wanderwegen erschlossenen Moorwald.

7 Das Schulmuseum

Aus der Schule geplaudert

Man muss schon ein ziemliches Brett vor dem Kopf haben, um ein gut erhaltenes Renaissancehaus aus dem Jahr 1577 abreißen zu wollen. Dennoch wäre das Gebäude hinter dem Bad Leonfeldner Rathaus beinahe einer Parkplatzvergrößerung zum Opfer gefallen. Zum Glück wurde vor den Abbrucharbeiten ein Schriftzug über dem Tor freigelegt: »Domus Disciplinae« ist dort zu lesen, und die wiederentdeckte alte Schule abzureißen traute sich die damalige Stadtverwaltung dann doch nicht. Das während der Hochblüte des Protestantismus erbaute Bad Leonfeldner Schulhaus wurde zum Museum.

Es wurde in seinen damals – nach einer Zwischennutzung als Gefängnis – nicht mehr erkennbaren ursprünglichen Zustand zurückversetzt und erlaubt es heutigen Besuchern, in den Schulalltag einzutauchen, wie ihn unsere Großeltern noch erlebt haben, mit der Lehrerwohnung im selben Gebäude und einer einzigen Klasse, die man heute »Mehrstufenklasse« nennen würde. Ganz nebenher unternimmt man hier auch eine Reise in die Sprachgeschichte – schließlich stammen viele heute noch gebräuchliche Redewendungen aus dem Schulwesen von anno dazumal: Von den fremden Federn, mit denen man sich schmückt, wenn man so gescheit sein möchte wie ein mittelalterlicher Schulmeister mit hinters Ohr gestecktem Gänsekiel, bis zum viel zitierten Armutszeugnis. Ein solches mussten Väter vorweisen, wenn sie statt der üblichen Geldstrafe für geschwänzte Schulstunden ihrer Kinder lieber eine Freiheitsstrafe absitzen wollten.

Die Strafen waren damals womöglich schwerer, die Schultaschen nicht. Wer seine »sieben Sachen« vom Griffel bis zur Schiefertafel beisammen hatte, der durfte in die Schule gehen. Bücher mussten die Kinder keine schleppen. Die bekam man erst, wenn man mit Hilfe eines ABC-Brettchens bewiesen hatte, dass man lesen konnte. Wer nicht schlau genug war, bekam kein Buch – dem hielt der Lehrer weiterhin das Brett vor den Kopf.

Adresse Böhmer Straße 1, 4190 Bad Leonfelden | **Anfahrt** von Linz durch den Haselgraben über die B126 nach Bad Leonfelden, Museum direkt hinter dem Rathaus | **Öffnungszeiten** April–2. Nov. Di, Sa, So, Feiertage 13.30–17 Uhr, Führungen jeweils um 14.30 Uhr | **Tipp** Längst reißt man in Bad Leonfelden alte Häuser nicht mehr ab, sondern präsentiert ihre Geschichte stolz auf Infotafeln. Sie genau anzuschauen lohnt sich: Durch die Kurstadt zu flanieren wird zur Zeitreise.

8 Das Wappen

Die Macht der Bilder

Natürlich hätte man auch einmal fünfe gerade sein lassen können, doch die Verwaltung des Herzogtums Österreich ob der Enns sah das weniger locker: Als das Innviertel 1779 von Bayern nach Oberösterreich wechselte, musste dafür ein anderes Viertel gestrichen werden – sonst hätte das Land nämlich fünf Viertel gehabt, was die rigiden Herren im Linzer Landhaus nicht durchgehen lassen wollten. Kurzerhand legte man das Machland- mit dem Mühlviertel zusammen. Damit verschwand ein Name von der administrativen Landkarte, der eines der ältesten Siedlungsgebiete ganz Österreichs bezeichnet. Im Machland, dessen Name in etwa »Land des Wassers« bedeutet, siedelten Menschen schon in der Jungsteinzeit.

Womöglich dachte man ja auch, das Machland sei ohnehin schon überrepräsentiert: Seit dem 14. Jahrhundert wurde nämlich das Wappen der ausgestorbenen Herren von Machland als Wappen des »ob der Enns« gelegenen Teils des Herzogtums Österreich verwendet. Die älteste Darstellung des heute noch gültigen oberösterreichischen Landeswappens fand man in einem Urbar des Stifts Baumgartenberg aus dem Jahr 1335.

Für jedermann gut sichtbar ist es auch in der ehemaligen Stiftskirche angebracht. Diese wurde im 15. Jahrhundert im Stil französischer Kathedralen neu aufgebaut, nachdem die Hussiten ihre romanische Vorgängerin zerstört hatten. Carlo Antonio Carlone, einer der vielen Sprösse der bekannten italienischen Künstlerfamilie, überzog die Kreuzrippen des Langhauses sowie den Chorumgang später mit barockem Stuck. Selten sieht man eine barocke Umgestaltung so harmonisch mit der gotischen Grundstruktur verschmelzen wie hier. Vom prominentesten Platz des strahlend weißen, festlich stimmenden Raums lässt das vertraute Wappen allen späteren Vierteleinteilungen zum Trotz keinen Zweifel daran aufkommen, wo man sich befindet: im Herzen des Machlands.

Adresse Baumgartenberg 39, 4342 Baumgartenberg | Anfahrt direkt an der B3 zwischen Perg und Grein, Kirche etwa 500 Meter vom Bahnhof Baumgartenberg entfernt | Öffnungszeiten täglich 8–18 Uhr, Führungen nach Anmeldung unter Tel. 07269/255 möglich | Tipp An der Fundstelle eines Prunkwagens in einem Gräberfeld bei Mittenkirchen wurde ein keltisches Dorf rekonstruiert. Beim Bau kamen nur Werkzeuge zum Einsatz, die auch die Kelten verwendet hatten (www.keltendorf-mitterkirchen.at).

9 Die Wiese

Bitte kein Gras darüber wachsen lassen

Sie ist eine Welt voller Überraschungen und Abenteuer, bevölkert von vielgestaltigen, mitunter gefährlichen Wesen, bunt, duftend, faszinierend und wunderschön – die gute alte Blumenwiese. Allein der Klang dieses Worts versetzt uns zurück in glückliche Kindheitstage, wir kennen sie von Biene Maja und aus unzähligen Bilderbüchern. Gesehen haben die meisten von uns hingegen schon lang keine mehr – weil es sie nämlich kaum noch gibt. Saure, ungedüngte Blumenwiesen, wie sie einst nicht nur die heile Welt der Bilderbücher, sondern auch die Landschaft vor der Epoche der intensiven Bewirtschaftung prägten, sind so gut wie verschwunden. Fette grüne Wiesen gibt es freilich genug, doch auf den gedüngten Flächen setzen sich vor allem Gräser durch, die den blühenden Pflanzen kein Licht und damit keine Chance lassen.

Man sollte also nicht der Nase nachgehen, wenn man sich auf die Suche nach einer der wenigen intakten Wiesen macht – wo es nach »Landluft« riecht, blüht nur noch wenig. Besonders beeindruckend ist der Kontrast, wenn man an der seit 1973 stillgelegten Berdetschläger Mühle vorbeispaziert, hinter der sich die naturbelassenen Wiesen der Torfau erstrecken: Links des Wegs nach Kuhstall riechende grüne Kulturlandschaft – rechts hingegen summt und brummt es, in 1.000 Farben leuchtet die Auwiese. 400 Schmetterlings- und 65 Vogelarten haben hier einen Lebensraum gefunden, den ihnen die allzu sauber ausgeräumte Landschaft rundherum längst nicht mehr bietet.

Man soll natürlich nicht in der Wiese herumtrampeln. Wer jedoch nur einen Schritt weg vom Wegrand macht, einige Minuten den Schmetterlingen zuschaut oder kurz die Augen schließt, um Vögel und Insekten besser hören zu können, bekommt eine Ahnung vom prallen, geschäftigen Leben, dem hier noch Raum bleibt. Und auch die Landluft duftet zur Abwechslung einmal richtig angenehm.

Adresse Berdetschlag 31, 4161 Ulrichsberg | Anfahrt nach Ulrichsberg über die B127 bzw. Dreisesselbergstraße, dort am besten zu Fuß in Richtung Sportzentrum, bei der Firma Resch rechts in Richtung Berdetschlag, an der Schwarzholzkapelle vorbei zur Mühle und zur dahinter liegenden Torfau | Tipp Ebenfalls ein wertvolles Naturschutzgebiet ist die ungleich bekanntere Bayrische Au, der Erlebnispfad durch das Hochmoor ist frisch renoviert. Erreichbar ist das Areal über Aigen und Diendorf.

10 Der Heidenstein

Ein Ehrentreffer für die alten Götter

Unzählige alte Tempel wurden zerstört, als die neue Religion ins Land zog. Kaum eine christliche Kirche auf einem der vielen Mühlviertler Hügel, an deren Stelle sich nicht zuvor ein älteres Heiligtum befunden hätte. Die Gründe dafür sind nachvollziehbar: Zum einen waren die Tempel eben auf den besten Plätzen errichtet worden, und die wollten jetzt die neuen Herren nützen. Und natürlich wollte man damit auch verhindern, dass etwaige versprengte Anhänger der vom Thron gestoßenen Götter weiterhin Kultstätten für diese vorfanden. Meistens war nach dem Chaos der Völkerwanderung aber ohnehin niemand mehr da, der die alten Kulte am Leben gehalten hätte, entsprechend gering dürfte der Widerstand gegen die Christianisierung ausgefallen sein.

Nicht so am Heidenstein bei Eibenstein, auf halbem Weg zwischen Sternstein und Viehberg. Die drei stets mit Wasser gefüllten »Schalen« auf dem Gipfelplateau des Felsens sind zwar auf natürliche Weise entstanden, dennoch nimmt man an, dass es sich dabei um eine alte Kultstätte handelt, die im frühen Mittelalter eine neue Verwendung finden sollte. Unklar ist heute, ob man damals wirklich eine Kirche auf dem Felsen errichten wollte oder eher eine kleine Burg.

Jedenfalls setzten sich die alten Götter diesmal zur Wehr, als man mit dem Umbau begann. Zwar wurden Stufen und Auflagerflächen für starke Mauern in den Fels gehauen, doch immer wieder verjagten schreckliche Gestalten die Arbeiter und schafften das Baumaterial über Nacht weg – bis man schließlich aufgab und die neue Kirche eben in Rainbach baute statt in Eibenstein. Waren es verkleidete heidnische Priester, die ihre Kultstätte verteidigten und dieses einzige Mal Erfolg hatten? Oder war schlicht die Phantasie mit den mittelalterlichen Arbeitern durchgegangen? Auf jeden Fall ein guter Ort, um die eigene Phantasie durchgehen zu lassen. Ausgangspunkte dafür findet man am Heidenstein genug.

Adresse Eibenstein, 4193 Rainbach im Mühlkreis | Anfahrt über Freistadt oder Bad Leonfelden auf der B38 nach Reichenthal, dort den Wegweisern Richtung Eibenstein folgen, Parkplatz nahe dem Heidenstein | Tipp Verpassen Sie nicht die drei gotischen Flügelaltäre von Waldburg, südlich der B38 kurz vor Freistadt. Wie der Altar in Kefermarkt und der in der Kirche St. Michael ob Rauchenödt gehören sie zu den bedeutendsten gotischen Sehenswürdigkeiten des Mühlviertels.

11 Der Pechölweg

Auf den Spuren des schwarzen Goldes

Pech zu haben war im Unteren Mühlviertel einst durchaus erwünscht, der »Pechlmann« ein gern gesehener Gast. Das »l« macht den Unterschied. Was der Pechlmann brachte, war Pechöl: Kiefernharz, das man durch Verkohlen des Holzes gewann.

Nur im Unteren Mühlviertel sind heute noch Pechölsteine zu finden: flache, leicht geneigte Granitsteine, auf denen früher Meiler aus harzigem Kiefernholz aufgebaut wurden. Diese deckte man mit Rasenziegeln ab und ließ das Holz einen Tag lang unter Sauerstoffentzug verkohlen. Das Harz wurde flüssig. Damit es abfließen konnte, meißelte man Rillen in Form eines großen stilisierten Blatts in die Steine. Das erste, qualitativ beste Pechöl nannte man »Heilsam«. Das rauchig-verbrannt riechende, klebrige Harz kam als Hausmittel bei Bronchitis oder Asthma zum Einsatz sowie bei Insektenstichen, Rheuma, Gicht, Gelenkentzündungen oder als Zugsalbe – bei Mensch und Tier.

2013 wurde das Pechölbrennen auf die Liste des Immateriellen UNESCO-Weltkulturerbes gesetzt. Betrieben wird das traditionelle Handwerk aber nur noch von sehr wenigen Eingeweihten. Die meisten Pechölsteine, die man da oder dort an Wanderwegen oder in der Nähe von Bauernhöfen findet, haben ihre schwarze Färbung längst verloren. Man könnte sie aufgrund ihres charakteristischen Musters auch für Relikte einer längst verschwundenen Religion halten. Ganz ohne Rituale kam die Wirksamkeit des Pechöls tatsächlich nicht zustande: Der »Heilsam« durfte nicht verkauft, sondern nur verschenkt werden. Auch in Elz lagen einige nicht mehr genutzte Pechölsteine in der Landschaft. In den 1990er Jahren wurden sie zum Lehrpfad verbunden, der in die Geschichte und Anwendung dieses besonderen Heilmittels einweiht. Auf dem schwarz gefärbten Stein am Ende des Pfades wird seither wieder Pechöl gebrannt. Man bekommt den »Heilsam« beim Gasthaus Seppnwirt am Ende des Pfades – allerdings nicht geschenkt.

Adresse Ausgangspunkt: Elz 8, 4292 Lasberg | **Anfahrt** auf der Straße von Kefermarkt nach Elz am Schloss Weinberg vorbei und dem Straßenverlauf folgen | **Tipp** Den größten Pechölstein des Mühlviertels findet man einige Kilometer weiter östlich, in der Nähe des Hauses Hundsdorf 9 bei Gutau.

12 Das Kircherl

Schöne Aussicht mit schauriger Geschichte

Manche Hügel sind nicht einfach nur Hügel. Vielleicht stehen sie in einer besonderen Sichtachse, oder vielleicht stimmt die Theorie von der Erdstrahlung, die Plätze »stark« machen soll, ja tatsächlich. Meist befindet sich eine Kirche oder Kapelle auf diesen besonderen Hügeln, so gut wie immer ist schon lange zuvor ein Kultplatz an derselben Stelle gewesen.

Das Frankenberger Kircherl bei Langenstein ist so ein besonderer Ort auf einem besonderen Hügel, auf dem einen beim Blick ins Land ein Gefühl von Weite und Erhabenheit erfasst. Nur das Wort »Kircherl« ist eine Übertreibung. Eine einzige Mauer dieser Kirche ganz oben auf dem Hügel steht heute noch. Eine Gedenktafel erklärt ihre Geschichte, und neue Gefühle steigen im Betrachter auf: Trauer, Entsetzen, Fassungslosigkeit.

Im Bauernkrieg von 1626 war der Protestant Martin Aichinger von seinem Hof in der Herrschaft Luftenberg vertrieben worden. Er wurde zum Mystiker, wanderte als Prediger durchs Land und warnte vor dem Jüngsten Gericht, von dessen bevorstehendem Beginn er bei mehreren Reisen ans Himmelstor erfahren haben wollte. Er scharte immer mehr Anhänger um sich, die in rituellen Prozessionen durchs Land zogen. 1636 beschloss der Landeshauptmann, dem mystischen Treiben ein Ende zu setzen, und schickte ein Heer gegen Aichingers Prozession, die sich mehrfach erfolgreich verteidigen konnte. 300 Anhänger des Mystikers, Männer, Frauen und Kinder, verschanzten sich am Pfingstmontag 1636 mit ihrem Anführer im Weiler Frankenberg, wo sie die Ankunft himmlischer Hilfstruppen erwarteten. Auch ohne deren Eintreffen dauerte es viele Stunden, bis die Aufständischen niedergemetzelt und Frankenberg sowie sein Kircherl restlos zerstört waren. Die wenigen Überlebenden, die man unter den Leichenbergen hervorzog – darunter Aichinger und sein vierjähriger Sohn – wurden in Linz öffentlich grausam zu Tode gequält.

Adresse Frankenberg 10, 4222 Frankenberg | Anfahrt von Langenstein über Dirnbergerstraße, Birkhof und Frankenberg bis zum Zeughaus (Frankenberg 4), danach den Wegweisern zum Kircherl folgen | Tipp Der von Hobbyastronomen angelegte »Planetenweg« führt vom Heimathaus Gusen über das Frankenberger Kircherl nach Langenstein, Karten gibt es in den Gemeindeämtern.

13_Der Keller

Unterirdische Erinnerung an glanzvolle Zeiten

Die Gründung der legendären Freistädter Braucommune im Jahr 1777 war eigentlich ein Akt der Verzweiflung. Das Bier, für dessen Qualität die Stadt seit jeher berühmt war, schmeckte den Bürgern nämlich längst nicht mehr. Wie konnte das passieren?

Schuld waren die vorangegangenen Jahrzehnte, die der Stadt schwer zugesetzt hatten. Als Böhmen habsburgisch wurde, verlor Freistadt seine Rolle als Bollwerk gegen den Norden. Dann fegte die Gegenreformation mit eisernem Besen durchs Land: Unter den vertriebenen Protestanten waren einige der bedeutendsten Freistädter Familien. Wenig erinnert heute an die protestantische Glanzzeit Freistadts – unter der Erde wird man hingegen fündig. So handelt es sich beim Jagsch-Keller am Hauptplatz 14 nur auf den ersten Blick um ein ganz normales Untergeschoss. Eine verschlossene Bierleitung ist erkennbar, Scherben aus 800 Jahren Stadtgeschichte werden in einer Vitrine präsentiert. Ein Torbogen, in den der Name Adam Hanf sowie die Jahreszahl 1631 eingraviert sind, führt in einen weiteren Raum. Dieser ist aus sorgfältig gesetzten Quadersteinen gemauert und von geheimnisvollen Zeichen übersät. Sieben Nischen und ein Nebenkeller, der wie eine kleine Kapelle aussieht, geben Rätsel auf. Dass man für eingelagerte Lebensmittel einen solchen Aufwand betrieben hat, ist unwahrscheinlich. Dafür ist die Akustik hervorragend. Handelt es sich um einen Gebetsraum der Protestanten, die damals keine Kirchen errichten durften? Ist überall die Ziffer 8 eingraviert, weil ihnen der achte Tag der Schöpfung – an dem die Arbeitswoche begann – so wichtig war?

Viele Fragen, die sich in diesem Keller stellen, bleiben unbeantwortet. Die Spuren des Freistädter Bürgers Adam Hanf verlieren sich in Schlesien. Freistadt erholte sich nie wieder vom Niedergang, den die Vertreibung der Protestanten auslöste. Mit einer Ausnahme: Das Bier ist heute besser als je zuvor.

Adresse Hauptplatz 14, 4240 Freistadt | **ÖPNV** mit der S3 oder dem Bus 312 ab Hauptbahnhof Linz | **Anfahrt** über die Mühlkreisautobahn A7 und die S10 | **Öffnungszeiten** Besichtigung nach Voranmeldung bei Dipl.-Ing. Klaus Fürst-Elmecker unter Tel. 0699/13643756 im Rahmen einer Führung möglich | **Tipp** Mehr zur faszinierenden Freistädter Stadtgeschichte erfährt man im Mühlviertler Schlossmuseum Freistadt (www.museum-freistadt.at).

14 Die letzten Zillenbauer

Die Donau aus Steuerradperspektive erleben

Sie waren typische Modernisierungsverlierer, die Lotsen und Zillenbauer zwischen Passau und der Schlögener Schlinge. Das zwischen 1959 und 1964 errichtete Kraftwerk Aschach machte die Fahrt durch das enge Tal zwischen Mühlviertel und Sauwald zum Kinderspiel. Die »Schlögenfahrer« genannten Lotsen brauchte es nunmehr genauso wenig wie ihre Zillen, die sie einst als Rettungsboote verkauft hatten. Nicht nur ihre Berufe, auch ihre Häuser wurden von der breit und träge gewordenen Donau geschluckt: Die Dörfer am Ufer versanken im Rückstau des Kraftwerks.

Freizell wurde zwar in höherer Lage neu gebaut, doch nur zwei von einst Dutzenden Zillenbauern blieben übrig. Die Familien Witti und Königsdorfer sind die beiden Letzten ihres Berufsstandes in Österreich. Die traditionsreichen Familienbetriebe haben junge Chefs: 2016 übernahm mit Christian Königsdorfer die achte Generation die nach Niederranna übersiedelte Werkstatt, in der 1739 in Freizell gegründeten Firma Witti hat seit 2019 mit Gerald Witti die neunte Generation das Sagen. Sein Vater hat den alten Werkstattboden mitübersiedelt, als Freizell überflutet wurde, erzählt Gerald Witti. Das Zillenhandwerk steht heute zwar vielleicht nicht auf goldenem, aber doch auf solidem Boden. Mühlviertler Zillen werden aus Fichten- oder Lärchenholz gebaut, nach Mustern, die seit Jahrhunderten überliefert sind, aber flexibel an Kundenwünsche angepasst werden können. Längst fahren sie nicht mehr nur auf der Donau: Freizeitkapitäne kommen auch vom Rhein, vom Bodensee oder vom Neckar, wo die Mühlviertler Boote dann Weidling oder Stocherkahn heißen.

Seit 2009 gibt es in Freizell auch einen Hafen. Dort kann man die Boote vor dem Kauf ausprobieren oder mieten, um ein Stückchen stromaufwärts zu einem der feinen Strände zu fahren – oder um den Strom einmal so zu sehen wie sonst nur ein Donaudampfschifffahrtsgesellschaftskapitän.

Adresse Zillenbau Königsdorfer, Niederranna 38, 4085 Wesenufer, Tel. 07285/508, www.zille.at; Zillenbau Witti, Freizell 4, 4085 Wesenufer, Tel. 0664/4124504, www.witti.co.at | **Anfahrt** von Linz über die B130 bis Wesenufer, dann über die Brücke nach Niederranna und an der Donau entlang nach Freizell | **Öffnungszeiten** nach telefonischer Vereinbarung | **Tipp** Am gegenüberliegenden Donauufer kann man sich in der Dauerausstellung »Die Zille« im Hotel Wesenufer ausführlich über die Geschichte dieses Bootes und seine Bedeutung für die Region informieren (Mai–Okt. täglich 10–19 Uhr).

15 Der Felsenreiter

Kunst am Berg

Der Strudengau hat seinen Namen zwar von den vielen gefährlichen Strudeln, für die dieser Abschnitt der Donau berüchtigt war, doch damit ist es schon lange vorbei. Nachdem hier einst sogar Maria Theresia beinahe gekentert wäre, begann man mit der systematischen Sprengung der zahlreichen, meist von Burgen gekrönten Inseln und Felsen im Flussbett. Sie boten zwar einen wildromantischen Anblick, waren aber hauptverantwortlich für die gefährlichen Strömungen. Noch 1815 beschrieb Joseph von Eichendorff in seinem Roman »Ahnung und Gegenwart« fasziniert einen mächtigen Strudel als »Auge des Todes«, das »alles Leben in seinen unergründlichen Schlund hinabzieht«.

Eine leise Ahnung von der Lebensgefahr, die von der heute so gemächlich sich dahinstauenden Donau ausging, bekommt man noch am ehesten an der Grenze zwischen Mühl- und Waldviertel, am Rand des alten Steinbrecherortes Gloxwald. Ein hoch über dem Donautal thronender Fels namens Predigtstuhl bietet dort eine schwindelerregende Aussicht über den längst verkehrsberuhigten Strom, der in diesem Abschnitt vor vielen Jahrtausenden den Weg des größten Widerstands gesucht und ein tiefes Tal in den Granit der böhmischen Masse geschnitten hat. Vier alte Donausagen, die von der mitunter tödlichen Heimtücke des Wassers erzählen, hat der Mostviertler Künstler Miguel Horn zu einer kühnen Metallskulptur namens »Felsenreiter« vereinigt, die nun den Gipfel krönt. Sie erzählt von einem grauen Mönch, der den Kaiser gerade noch rechtzeitig aus einer einstürzenden Burg rettete, von einem Raubritter, einer Donaunixe und einem Wasserfürsten. »Ich will keine Kunstwerke schaffen, die nur von einem exquisiten Publikum in Galerien gesehen werden«, erklärt der Bildhauer den Standort seines Werks. »Auch der Enkel eines Steinbrechers aus Gloxwald soll ohne Zugangshürde Kunst genießen können.« Schwindelfrei sollte er halt sein.

Adresse Predigtstuhlweg, Gloxwald 18, 4362 Gloxwald | Anfahrt in Sarmingstein in Richtung Waldhausen von der B3 abbiegen, den Wegweisern folgen, Predigtstuhl südlich des Ortes Gloxwald, etwa 10 Minuten Fußmarsch vom Parkplatz bei Gloxwald 18 | Tipp Spürbar werden die alten Sagen auch bei einem Besuch der frei zugänglichen Burgruine Sarmingstein hoch über der Donau in St. Nikola. Vom Parkplatz beim Gehöft Sattl 2 ist sie in gut zehn Minuten zu Fuß erreichbar.

16 Das Schloss Greinburg

Österreichs ältestes Wohnschloss

Schloss oder Burg, das ist oft schwer zu unterscheiden – vor allem, wenn das Schloss die Burg schon im Namen trägt. Greinburg gilt jedenfalls als ältestes Wohnschloss Österreichs, auch wenn die in nur vier Jahren erbaute Anlage recht massiv und trutzig auf ihrem Felsen direkt an der Donau hockt.

Doch welch ein Kontrast im Inneren! Schon der anmutige Arkadenhof lässt einen die Wuchtigkeit des äußeren Erscheinungsbildes völlig vergessen. Ein Diamantgewölbe im Erdgeschoss könnte mit seinem raffinierten Spiel von Licht und Schatten auch ein modernes Kunstwerk aus dem 3-D-Drucker sein, stammt aber aus dem späten 15. Jahrhundert und ist das einzige seiner Art in Österreich. Der Rundgang führt durch den größten Renaissancesaal des Landes und die Prunkräume des Schlosses, das im 17. Jahrhundert von Graf Meggau in seine heutige Form gebracht wurde. Im ersten Stock kann man anhand zahlreicher Modelle sein Wissen über Zille, Plätte, Gams, Fallkraxe, Schupf, Fuhr, Nursch und wie die schwimmenden Untersätze noch alle hießen, vertiefen. Makabres Detail am Rande: Die jungen Männer, die in Grein oder Ardagger auf die Schiffe gingen, um sie durch den Strudengau zu lotsen, durften nicht schwimmen können – nur so blieben sie mit Sicherheit an Bord und kämpften bis zum letzten Augenblick für das Wohl der ihnen anvertrauten Menschen und Waren.

Der unbestreitbare Höhepunkt des Schlosses liegt jedoch im Erdgeschoss: eine im Sommer herrlich kühle »Sala terrena« aus dem Jahr 1630. Wappen, Blumen, Schein-Arkaden und die von vier kuriosen, etwas beleibten Frauengestalten symbolisierten Elemente schmücken Decke und Wände. Sie sind ein einziges riesiges Mosaik aus Zehntausenden teils natürlich grauen, teils bemalten Flusskieseln aus der Donau, haben schon vier Jahrhunderte auf dem Buckel und dabei doch die Anmutung eines modernen Comics.

Adresse Greinburg 1, 4360 Grein | **ÖPNV** mit der Donauuferbahn ab St. Valentin | **Anfahrt** unmittelbar an der B3, Zufahrt zum Schloss gut beschildert | **Öffnungszeiten** Mai–Okt. Di–So 9–17 Uhr, Führungen nach Voranmeldung unter Tel. 07268/7007 oder Tel. 0664/9861981 | **Tipp** Die nahe, 2018 neu errichtete Gobelwarte bietet einen herrlichen Blick über das Mostviertel, vom Kolmitzberg bis zum Ötscher.

17 Das Stadttheater

Sire, geben Sie Theaterfreiheit!

Europas Herrscher inszenierten sich im 18. Jahrhundert gern wie der französische Sonnenkönig als Lichtgestalten in strahlend barockem Glanz. Von ihren Kritikern wurden sie eher als Fürsten der Finsternis betrachtet. Die Dichter und Denker, die den alten Kontinent durch Wissenschaft erneuern wollten, sahen das Licht auf ihrer Seite und nannten ihre Epoche daher »Enlightenment«, »Siècle des Lumières« – oder eben »Aufklärung«.

Während diese in Frankreich die Revolution mitauslöste, versuchten gekrönte Häupter weiter im Osten, ihre alte Macht mit dem neuen Zeitalter in Einklang zu bringen, und erfanden den aufgeklärten Absolutismus. Kaiser Joseph II. verordnete seinen Ländern Reformen, die einer Revolution von oben gleichkamen. Eine davon war die Theaterfreiheit. Zwischen der französischen und der Weimarer Klassik war das Theater im 18. Jahrhundert eines der wichtigsten Medien, um neue Ideen in alle Winkel des Reiches zu bringen.

Die Bürger Greins ließen sich von der allgegenwärtigen Theaterbegeisterung anstecken und bauten den Troadkasten ihres Rathauses zum Theater um. Zur Eröffnung 1791 gab man allerdings weder die »Emilia Galotti« noch den »Don Karlos«, sondern ein Lustspiel mit dem schönen Titel »Der Trauerschmaus oder Der Bäckermeister Kasperl«. Hehres Ziel der Greiner Bürger war nicht Kritik an der Adelswillkür, sondern die Finanzierung eines Armeninstituts. Doch galt auch das wohltätige Greiner Stadttheater schon Josephs reaktionärem Sohn Franz als gefährliche Brutstätte revolutionären Gedankenguts, er ließ es nach wenigen Jahren wieder schließen. Da derart finstere Epochen die Ausnahme blieben, darf sich das Greiner Stadttheater mit dem Titel des ältesten durchgehend bespielten Bürgertheaters des deutschen Sprachraums schmücken. Und wenn es auch wie ein Rokoko-Schmuckkästchen aussieht, so ist es doch ein Hort der Aufklärung.

Adresse Stadtplatz 7, 4360 Grein, www.schloss-greinburg.at | **ÖPNV** Züge mehrmals pro Stunde ab Linz oder St. Valentin, auch Ausflugsschiffe ab Linz oder Passau | **Anfahrt** direkt an der B3 und am Donau-Radweg | **Öffnungszeiten** Mai–Sept. Di–Sa 10–12 und 15–18 Uhr, So 14–16 Uhr, Informationen unter Tel. 07268/7055 | **Tipp** Sollte irgendwann nicht nur im Greiner Theater das Licht ausgehen, hat der Künstler Miguel Horn für etwaige posthumane Forscher die Geschichte der Menschheit in Form interstellar verständlicher Petroglyphen zusammengefasst, die man am Greiner Kalvarienberg bewundern kann.

18 Der Eiserne Vorhang

Der lange Schatten der Grenze

Man zwickte den Stacheldraht durch und hielt Reden über das Zusammenwachsen von Dingen, die zusammengehörten. 1989 war der Enthusiasmus über die überwundene Teilung Europas so groß, dass man es mit den Details nicht immer genau nahm. Der Grenzzaun, den Österreichs und Ungarns Außenminister im Juni symbolträchtig gemeinsam durchtrennten, war längst weggeräumt und musste für die Aufnahmen, die in die Geschichte eingehen sollten, extra wieder errichtet werden. Und Willy Brandts unzählige Male zitierter Satz war bereits in den 1960er Jahren gefallen.

Aber Hauptsache, der verhasste Zaun war endlich weg. Von beiden Seiten hatte er das Ende der bekannten Welt bedeutet. Dabei hatte man Böhmen einst um seinen Wohlstand beneidet, die tschechische Grenze bildete noch während der Zwischenkriegszeit die Schwelle vom Elend zur Prosperität – aus österreichischer Sicht.

Der Eiserne Vorhang löschte auch diese Erinnerung aus. Er hat der Grenze eine Bedeutung verliehen, deren Folgen von Dauer sind. Die Befestigungen sind zwar weg, doch die Grenze bleibt sichtbar. An ihr endet das bewirtschaftete Land. Wo einst auf böhmischer Seite Gehöfte standen, erstrecken sich Wald und Gebüsch. Bis zu ihnen habe es gestaubt, als die Kirche von Kapellen gesprengt wurde, erzählt Aloisia Breitschopf, deren Hof unmittelbar an der Grenze liegt. Sie hat miterlebt, wie ihre Nachbarn auf der anderen Seite des Baches ihre Häuser aufgeben und sich auf den Weg nach Deutschland machen mussten. Im befreiten Österreich waren sie nicht erwünscht. Als der Zaun dann endlich weg war, entdeckte sie Spähposten, von denen aus jede ihrer Bewegungen im Haus beobachtet und dokumentiert wurde. Auch daran erinnert ein Stück des Eisernen Vorhangs, das in Guglwald wieder aufgestellt wurde: Die Grenze ist mehr als nur der sichtbare Zaun, sie geht viel tiefer. Und sie ist wesentlich schneller auf- als wieder abgebaut.

Adresse Guglwald 31, 4191 Guglwald | **Anfahrt** über die B38 von Bad Leonfelden Richtung Haslach, bei Hinterweißenbach rechts auf die Bezirksstraße Afiesl–Guglwald, beim Wegweiser rechts auf die Straße Obergugelwald einbiegen | **Tipp** Auf dem Weg kommt man in Schönegg vorbei, das noch von der alten, offenen Grenze geprägt ist: Die ehemalige Zollwache ist ein prächtiges Haus, auch eine ehemalige Brauerei gibt es. Gegenüber dem Hotel Guglwald steht ein Grenzstein aus der Zeit vor dem Eisernen Vorhang.

19 Der Audioweg

Zu Fuß durch das unsichtbare Lager

»I wohn gern da«, erzählt ein Einheimischer, und man glaubt es ihm. Eine vielleicht etwas banale, aber umso typischere Einfamilienhausgegend ist das hier, mitten im Grünen und doch nur einen Katzensprung von Linz entfernt. Das Band läuft weiter, viele verschiedene Stimmen strömen aus dem Kopfhörer. Unmittelbar nach dem Bekenntnis zur heimatlichen Lebensqualität berichtet ein älterer Mann, was er einst hier erlebt hat. Man erträgt es beim Zuhören kaum. Gusen war eines der schlimmsten Außenlager des KZ Mauthausen, 37.000 Menschen starben auf entsetzliche Weise.

Nach dem Krieg sollte Gras über die Sache wachsen. Das Lagergelände wurde parzelliert. SS-Baracken, Lagerbordell und Verwaltungsgebäude baute man zu Wohnhäusern um. Deren einstige Verwendung erschließt sich nur dem, der die Geschichte kennt – und das waren die längste Zeit nur wenige Einheimische. Ihren Kindern und Enkeln verschwiegen sie die grauenvolle Vergangenheit der schmucken Siedlung. »Als ich mit 14 Jahren erfahren habe, was in meinem Ort geschehen ist, war es, als ob der Boden unter den Füßen wegbricht«, erzählt eine Stimme im Kopfhörer.

Ähnlich dürfte es einem jungen Mann aus dem benachbarten St. Georgen ergangen sein. Beim Kunststudium in Berlin kam Christoph Mayer eine Idee, wie er die verdrängte Geschichte in die kollektive Erinnerung zurückholen könnte: Er sammelte die Stimmen Überlebender, ehemaliger Wachsoldaten und aktueller Bewohner Gusens und stellte einen Audioguide durch das verschwundene Lager zusammen. Den iPod in der Tasche und die Stimmen der Beteiligten als Fremdenführer im Ohr, dringt man so Schritt für Schritt tiefer in die Vergangenheit Gusens vor. »Wir san auf die Deitschn gflogn, weil s' so nett und liab woan«, hört man da, »Birkenau war weniger schlimm« oder »Es war meine Pflicht«. Gehen Sie also bitte weiter, es gibt fast nichts zu sehen in Gusen. Aber hören Sie gut zu.

Adresse Georgestraße 6, 4222 Gusen, www.audioweg.gusen.org | **Anfahrt** über die B3, Abfahrt KZ-Memorial Gusen; Donauradweg am Memorial Gusen, absteigen beim Gasthaus Pree | **Öffnungszeiten** März–Okt. 9–16.30 Uhr, Nov.–Feb. 9–15.45 Uhr, Audioguides nach Voranmeldung unter Tel. 07238/226922 oder E-Mail an education@mauthausen-memorial.org | **Tipp** Auch im nahen Lungitz ist eine – diesmal sichtbare – Erinnerung an das ehemalige KZ Gusen erhalten. Auf dem Gelände der ehemaligen Lagerbäckerei befindet sich ein Gedenkstein.

20 Das Berglitzl

Kult seit 100.000 Jahren

Wer das Mühlviertel bereist, stolpert dabei über so manchen Schalenstein. So nennt man große Steine mit napfförmigen Vertiefungen an der Oberseite, in denen oft auch bei Trockenheit Wasser steht. Nicht immer ist klar, ob es sich dabei um durch Verwitterung entstandene oder vom Menschen geschaffene Vertiefungen handelt. Auch für das Wasser darin gibt es unterschiedliche Theorien. Aufgrund ihrer imposanten Erscheinung vermutet man bei vielen dieser Steine, es könnte sich um alte Kultstätten handeln.

Der neben einem Hügel namens »Berglitzl« gelegene Schalenstein auf dem Gebiet von Langenstein gehört auf den ersten Blick nicht zu den interessantesten seiner Art: Es handelt sich um einen moosbedeckten größeren Stein mit stets wassergefüllter Kuhle direkt an einem kleinen Teich hinter einem Bauernhof. Ganz in der Nähe donnert der Verkehr über die B3. Jemand hat rund um den Schalenstein zwei halbkreisförmige Mauern angelegt. Wenig deutet darauf hin, und doch steht man hier am Rande einer der bedeutendsten archäologischen Stätten des ganzen Donauraums. Einst ragte das Berglitzl als Insel aus der von vielen Nebenarmen der Donau geformten Au. Die heute noch sichtbare Pflasterung dürfte über 100.000 Jahre alt sein. Der Schalenstein selbst wurde wohl eher in der Jungsteinzeit, also ein paar zehntausend Jahre später, zum Kultplatz. Skelettfunde lassen auf Menschenopfer schließen. Skelette fand man auch im angrenzenden Hügel, der im 8. und 9. Jahrhundert nach Christus zum Friedhof wurde. Über 100 Gräber slawischer Siedler wurden vom damaligen Besitzer des Berglitzls, der eine Schottergrube betrieb, zufällig entdeckt. Für den Archäologen Manfred Pertlwieser, der in den 1970er Jahren die Grabungen leitete, war das Berglitzl eine »Kontaktstelle zur Götterwelt und zum Jenseits«, die viele Jahrtausende lang kontinuierlich genutzt wurde. Von wegen unspektakulär.

Adresse hinter dem Haus Seyrer, Gusen-Dorf 17, 4222 Gusen | Anfahrt über die Georgestraße, Abzweigung nach Gusen-Dorf schräg gegenüber dem Gusen Memorial | Öffnungszeiten Privatgrundstück, bitte vor dem Besuch beim Eigentümer um Erlaubnis fragen | Tipp Ebenfalls auf einer ehemaligen Donauinsel, inmitten eines schönen Auwaldes, liegt die imposante Ruine Spilberg unmittelbar hinter der B3. Man erreicht sie, wenn man von der Georgestraße rechts in die Pleschinger Straße einbiegt und dann unter der B3 hindurchfährt.

21 Die Färberei

Blaue Wunder im Museum

Zuerst wurde man grün und blau geschlagen, danach in die Mangel genommen. Ganz schön ungemütlich, so ein blauer Montag, zumindest aus der Sicht seines Hauptdarstellers: »Seide des Nordens« nannte man das Mühlviertler Leinen nämlich erst, nachdem ihm zuvor eine ziemlich unsanfte Behandlung zuteil geworden war.

Das Färberhandwerk war im Mühlviertel einmal weit verbreitet und doch geheimnisumwoben. Vor dem Färben selbst wurde der »Papp« auf den Stoff aufgetragen. Wo dieser ins Gewebe eindrang, konnte später keine Farbe hin, der Stoff blieb an den entsprechenden Stellen weiß. Das Rezept für diesen Papp wurde in den Färberfamilien nur mündlich vom Vater zum Sohn weitergegeben, damit nicht etwa durch Heirat die Konkurrenz in Besitz des wertvollen Rezepts gelangte. War der Papp trocken, wurde der Stoff mehrmals in die Küpe, eine riesige Wanne voll Indigo, getaucht. Erst an der Luft färbte er sich zunächst grün, dann blau. Man bewegte ihn mit Holzstangen hin und her, damit die Verfärbung schneller vonstattenging – der Stoff wurde also grün und blau »geschlagen«. Später ging es in die Mangel, eine schwere Presse – das Gutauer Exemplar ist mit zwölf Tonnen Granit gefüllt –, die man dank einer durchdachten Mechanik ganz leicht bewegen konnte. Sie verlieh dem zuvor eher groben Leinenstoff Glätte und seidigen Glanz.

Die Färberei in Gutau war vom Mittelalter bis ins Jahr 1968 in Betrieb und könnte diesen jederzeit wieder aufnehmen, so vollständig ist sie erhalten. Man staunt über den riesigen Aufwand, der hier jahrhundertelang betrieben wurde und der dabei stets doch »nur« der Schönheit diente. Doch diese zählt nun einmal zu den menschlichen Grundbedürfnissen und ist für ein Leben in Würde unverzichtbar. Völlig zu Recht wurde das alte Färberwissen daher in den Katalog des Immateriellen Kulturerbes der Menschheit aufgenommen.

Adresse St. Leonharderstraße 3, 4293 Gutau | Anfahrt über die A7 bis zur Ausfahrt Unterweitersdorf, danach über Pregarten nach Gutau | Öffnungszeiten Führungen Mai–Okt. Mi 10 Uhr, Fr 15 Uhr, Sa 11 Uhr, Sonderführungen nach Voranmeldung unter Tel. 0676/6854983 | Tipp Das Färbermuseum ist auch ein guter Ausgangspunkt für Wanderungen in die nähere Umgebung, eine Infotafel erklärt zum Beispiel den aussichtsreichen Mühlviertler Vogelkundeweg.

22 Die Körnerpyramide

Denkmal für eine nicht gelebte Liebe

»Die Wunde brennt, die bleichen Lippen beben. / Ich fühl's an meines Herzens matterm Schlage, / hier steh'ich an den Marken meiner Tage. / Gott, wie du willst! Dir hab'ich mich ergeben.« Der durch einen Säbelhieb verletzte Dichter in der schwarz-rot-goldenen Uniform überlebte. Er war Teil des Lützow'schen Freikorps, das im Kampf gegen Napoleon patriotische junge Männer aus allen Teilen Deutschlands anzog. Die deutsche Nationalflagge verdankt der paramilitärischen Truppe, die im Juni 1813 in einen Hinterhalt geriet, ihre Farben. Unter den Verwundeten war damals der 22-jährige Carl Theodor Körner.

Der in Dresden geborene Dichter stammte aus einer musikalisch, zeichnerisch und literarisch hochbegabten Familie, zu deren Freunden Schiller, Goethe, Kleist, Novalis und die Brüder Humboldt zählten. Der Vater schickte den Heißsporn Carl Theodor, der sich als Student in Leipzig und Berlin von einem Duell ins nächste gestürzt hatte, zur Abkühlung ins gemütlichere Wien. Dort feierte Körner auf Anhieb Erfolge als Dramatiker. Am Burgtheater lernte er die ebenfalls jung entdeckte Schauspielerin Antonie Adamberger kennen, die beiden verlobten sich im Jahr 1812. Wenig später zog der zum k. k. Hoftheaterdichter Aufgestiegene in den Krieg gegen Napoleon. Zwei Monate nach seiner ersten schweren Verwundung traf ihn eine tödliche Kugel.

Doch warum steht ein Denkmal für den viel zu früh Verstorbenen im Mühlviertel an der böhmischen Grenze? Es wurde 1817 errichtet, als Antonie Adamberger den in Leopoldschlag geborenen Joseph Calasanz von Arneth heiratete. Über Körners Tod dürfte sie damals noch nicht hinweggekommen sein. Laut Begleittext wurde die Pyramide »1817 vom Besitzer des Geyerhammers errichtet, der seiner trauernden Schwägerin Antonie Arneth, geb. Adamberger, über den Verlust ihres Bräutigams Trost spenden wollte«. Ob die Ehe mit Herrn Arneth glücklich war, wissen wir nicht.

Adresse gegenüber von Hammern 10, 4262 Hammern | **Anfahrt** über die Maltscher Bezirksstraße zwischen Windhaag und Leopoldschlag, gegenüber dem Haus Hammern 10 den Hang hinauf, Pyramide nach etwa 300 Metern | **Tipp** Ein interessantes Relikt der Pferdeeisenbahn findet man in einem Waldstück genau gegenüber der Mündung der Leopoldschlager Bezirksstraße in die B310: Etwa 200 Meter westlich des Parkplatzes stößt man auf die Edlbachbrücke.

23 Das Zollhäuschen

Erinnerung an absurd gefährliche Zeiten

Einen Grenzfluss stellt man sich mächtig vor, reißend, schwer zu überwinden – wie käme er sonst zu seiner Bedeutung?

Nun gleicht die Maltsch eher einem Bächlein inmitten einer friedlichen Landschaft, und nichts anderes war sie die längste Zeit: Seit das Gebiet im Mittelalter gerodet und besiedelt wurde, wohnte man an dem einen Ufer und hatte seine Felder auf dem anderen, heiratete von hier nach dort und umgekehrt und schickte die Kinder in die Schule, die am nächsten lag, egal auf welcher Seite der Grenze zwischen Österreich und Böhmen. 1918 wurde diese plötzlich spürbar. Während in Österreich bittere Not herrschte, prosperierte die junge Tschechoslowakei. Davon profitierten auch die Menschen an der Maltsch, die regen Schmuggel betrieben. Der blühende Markt Zettwing wurde zum Hotspot des Schwarzhandels auf böhmischer Seite.

Die guten Kontakte zwischen den tschechischen Grenzbeamten und der Bevölkerung auf beiden Seiten der Maltsch retteten Menschenleben: Als 1945 die deutschsprachige Bevölkerung der Tschechoslowakei vertrieben wurde, kam es nicht zu gewalttätigen Übergriffen. Doch das österreichische Zollhäuschen bei der Lexmühle in Hammern stand mit einem Mal an einer der bestbewachten Grenzen der Welt. Zettwing wurde dem Erdboden gleichgemacht.

Dass man sein Leben riskierte, wenn man die Maltsch überquerte, kann man sich heute nicht mehr vorstellen. In der Familie Greul, die das ehemalige Wirtshaus in der Lexmühle betrieb, ist die Erinnerung hingegen lebendig geblieben: Töchter der Familie heirateten »Finanzer«, die an der Grenze stationiert waren. Zahlreiche Ausrüstungsgegenstände und Dokumente aus der Zeit des Eisernen Vorhangs sind heute in der als Privatmuseum erhaltenen Zollhütte ausgestellt. Nur Fotos des Eisernen Vorhangs sucht man dort vergebens. Der war so normal, dass man ihn nicht fotografierte – und als er plötzlich weg war, war es zu spät.

Adresse Hammern 9, 4262 Hammern | Anfahrt auf der Maltscher Bezirksstraße von Windhaag die Grenze entlang nach Leopoldschlag fahren | Öffnungszeiten Besichtigung nach Voranmeldung bei Alois Greul unter Tel. 0664/75148311 | Tipp In Richtung Windhaag weist eine Tafel kurz nach Hammern an der rechten Straßenseite auf ein ungewöhnliches akustisches Phänomen hin: Beim »rauschenden Felsen« vermeint man, einen Wasserfall zu hören, der direkt hinter dem Felsen in die Tiefe zu stürzen scheint.

24 Das Weihnachtsmuseum

Nach dem Fest ist vor dem Fest

Zwei Stunden könne so eine Führung durch ihr ehemaliges Wohnzimmer schon dauern, erzählt Franziska Winder: »Die Leute reden einfach so gern darüber, wie es bei ihnen früher war.« Kein Geburtstag und kein Osterfest brennt sich so tief in unsere Erinnerungen ein wie Weihnachten. Der Adventskranz, die Lieder, die Kekse, die Weihnachtsmärkte, die Auslagen, die Beleuchtung, die Briefe an Christkind oder Weihnachtsmann – schon die ganze kollektive Vorfreude macht Weihnachten für jedes Kind zum Fest der Feste. Darum machen wir auch als Erwachsene alle Jahre wieder mit, und bei allem Ärger über Kitsch, Kommerz und Weihnachtsstress freuen sich die meisten trotzdem darauf.

So ging es auch Franziska Winder, die im Lauf der Jahrzehnte eine wahre Sammelleidenschaft für Weihnachtliches aller Art entwickelte. 2005 stellte sie ihre Sammlung in ihrem Wohnzimmer zu einem »Weihnachtsmuseum« zusammen. Anhand vieler wertvoller und kurioser Stücke aus ganz Mitteleuropa wird darin die Entstehung des Weihnachtsschmucks, wie er uns heute selbstverständlich scheint, sichtbar: etwa die Geschichte der 1835 erstmals geblasenen Christbaumkugeln oder die des aus vielen kleinen Kügelchen zusammengesetzten Gablonzer Christbaumschmucks. Kostbares wie Altthüringer Puppen mit Echthaar aus dem Jahr 1900 wechselt mit Dekoration, die an Kriegs- oder Notzeiten erinnert: Wie Bonbons verpackte Holzstücke sollten den Anschein eines mit Süßigkeiten reich behängten Christbaums aufrechterhalten. Staniolstreifen, die bei alliierten Bombenangriffen zur Ablenkung des deutschen Radars abgeworfen wurden, sammelten die Menschen später ein und hängten sie als Lametta an den Christbaum.

Vieles gibt es zu den einzelnen Stücken zu erzählen, vieles löst eigene Erinnerungen aus – und so werden die Geschichten der Besucher zum integralen Bestandteil des Museumsbesuchs.

Adresse Harrachstal 43, 4272 Weitersfelden, https://weihnachtsmuseum.jimdofree.com | **Anfahrt** von Freistadt in östlicher Richtung über St. Oswald und Amesreith, danach der Nordkamm Landesstraße folgen | **Öffnungszeiten** Führungen ab 4 Personen nach Voranmeldung unter Tel. 0664/4467100 oder Tel. 07952/6406 | **Tipp** Etwa zehn Fahrminuten entfernt befindet sich ein Mühlviertler Wahrzeichen: die im Jahr 1890 in Steinbloß-Bauweise errichtete Hoisnkapelle in Wienau.

25 Der Kirchturm

Der Campanile des Oberen Mühlviertels

Nimmt man den Turm so mancher Dorfkirche unter die Lupe, könnte man glauben, dass sich unter den landestypischen Zwiebeltürmen reihenweise Wehrkirchen verstecken. Doch weit gefehlt: Dicke Mauern und längliche, auf den ersten Blick an Schießscharten erinnernde Fenster waren oft statischen Gründen geschuldet. Keinen Zweifel an seinem ursprünglich wehrhaften Charakter lässt hingegen der Haslacher Kirchturm. Wie ein italienischer Campanile frei neben der Kirche stehend, war er ursprünglich Teil der Haslacher Burg.

Notwendig wurde die heute zum Teil noch erhaltene Befestigung des Marktes wegen seiner Grenznähe. Im 15. Jahrhundert tobten in Böhmen die Hussitenkriege, die sich über zwei Jahrzehnte hinzogen und nicht nur in Böhmen und Mähren, sondern auch in Ober- und Niederösterreich ganze Landstriche verwüstet hinterließen. Auch Haslach wurde zweimal niedergebrannt. Damals soll sich eine tragische Liebesgeschichte zwischen einem Bürgerssohn und der Tochter des Marktrichters zugetragen haben. Da der Vater des jungen Mannes Hussit war, wurden die Familien zu Feinden. Im Kampf rettete der in kaiserliche Dienste getretene Mühlviertler Romeo dem Marktrichter das Leben, wurde dabei aber schwer verwundet. Wie die Sage ausgeht, kann man sich aussuchen: Es gibt eine Version mit tragischem und eine mit glücklichem Ende.

Der Haslacher Turm spielte dabei keine Rolle – er wurde erst fertiggestellt, als die Hussitenkriege schon lange vorbei waren. Die Stadtbefestigung war freilich auch in den folgenden Jahrhunderten alles andere als überflüssig. Der Turm, der ursprünglich keine Tür im Erdgeschoss hatte, war bis 1960 bewohnt. Vom beschwerlichen Leben der Familien, die hier in luftiger Höhe hinter zwei Meter dicken Mauern hausten, kann man sich beim Besuch selbst ein Bild machen – oder einfach die einmalige Aussicht über Haslach und Umgebung genießen.

Adresse Kirchenplatz 2, 4170 Haslach an der Mühl | **Anfahrt** über die B38 nach Haslach, Kirche und Turm am Ostrand der Altstadt | **Öffnungszeiten** Schlüssel zum Turm im Pfarramt am Kirchenplatz 1 erhältlich, Anmeldung unter Tel. 07289/71577 | **Tipp** Als Haslacher Wahrzeichen gilt nicht der Kirchturm, sondern der alte Befestigungsturm in der Windgasse 10, in dem das sehenswerte Heimathaus Haslach untergebracht ist.

26 Die Klangfabrik

Not macht erfinderisch

»Man müsste Klavierspielen können! Wer Klavier spielt, hat Glück bei den Frau'n«, sang Johannes Heesters. Für den Haslacher Webereibesitzer Erwin Rechberger klang das fröhliche Lied womöglich traurig. Er hatte zwar als ehemaliger Florianer Sängerknabe nicht nur Klavier-, sondern auch Geigespielen gelernt, erkrankte aber schon in jungen Jahren an Gelenkrheumatismus und musste das Musizieren aufgeben. Bei seinen Streifzügen durch Flohmärkte und Trödlerbörsen fand der Sammler von Volkskunst schließlich eine neue Leidenschaft: Musikautomaten. Mit diesen konnte er sowohl sein Interesse für die Mechanik als auch die unmöglich gewordene Liebe zum Musizieren ausleben. Seine Sammlung bildet den Grundstock der Haslacher Mechanischen Klangfabrik. Anhand von 160 Ausstellungsstücken illustriert das in Österreich einzigartige Museum, auf wie ausgeklügelte Weise man seit der Barockzeit versucht, Instrumentalmusik zu genießen, auch wenn man die Instrumente selbst nicht beherrscht – oder keine Musiker bezahlen möchte.

Ob Tret- oder Rückenklavier, ob Orchestrion aus Klavier, Flöte, Oboe und Klarinette, ob Klavier mit eingebauter, wie von Geisterhand gespielter Ziehharmonika – man kann sich kaum sattsehen an den raffinierten Mechanismen, die im späten 19. Jahrhundert einen Siegeszug durch die Salons und Wirtshäuser antraten.

Was bei den vielen Hörproben, die der Museumsbesuch natürlich auch bereithält, gleichzeitig klar wird: So gefinkelt die Technik hinter den selbst spielenden Instrumenten auch ist und so großartig das Spektakel, das sie bieten, so mechanisch ist eben auch ihr Klang. Die selbst spielenden Klaviere der Firma Welte versprachen im frühen 20. Jahrhundert Abhilfe, indem sie die Darbietungen großer Interpreten möglichst originalgetreu in eine Notenwalze stanzten – so richtig berührt uns Musik eben doch erst dann, wenn sie von Menschen gemacht wird.

Adresse Stelzen 15, 4170 Haslach, www.mechanischeklangfabrik.at | **Anfahrt** über die B38 nach Haslach, Museum in der ehemaligen Vonwiller-Fabrik südlich des Marktplatzes am Hang | **Öffnungszeiten** Führungen April–Okt. Di–So 14 Uhr, Anmeldung unter Tel. 07289/72300 | **Tipp** Der Komplex der 1999 geschlossenen Vonwiller-Textilfabrik ist ein veritables Mühlviertler Museumsquartier. Leitanker ist das Webereimuseum, das in die Geschichte des für die Region einst wichtigsten Wirtschaftszweigs führt – und ganz nebenbei auch zu den Ursprüngen der Mathematik (www.textiles-zentrum-haslach.at).

27 Die Burg Piberstein

Bitte nach Ihnen!

Angeblich soll man sich nie mit dem Zweitbesten zufriedengeben. Andererseits ist der Platz ganz oben auf dem Siegerpodest recht schmal und das energieraubende G'riss darum entsprechend groß. Und meistens entscheiden ja doch nur Nuancen über den Platz in diversen Rankings. In der Wirtschaftswissenschaft gibt es längst eine Theorie des Zweitbesten und in Wien sogar ein Lokal, das sich so nennt: Man kann nämlich alles viel entspannter angehen, wenn man sich aus so manchem Wettbewerb einfach heraushält.

Auch Burg Piberstein bei Helfenberg ist keine Kandidatin für Spitzenplätze in den Must-see-Kategorien. Es gibt Burgen, die mächtiger sind, und Renaissance-Schlösser, deren Arkadenhöfe mehr Bögen haben. Anderswo ist der Rittersaal größer, die ganze Anlage an prominenterer Lage erbaut, oder sie kann eine bewegtere Geschichte vorweisen.

Piberstein hat von allem ein bisschen, aber von nichts zu viel. Freilich wurde die Burg, deren erste Herren einen grimmig aussehenden Biber im Wappen führten, sogar einmal von den Hussiten belagert. Aber die schlug Burgherr Hans von Rohrbach zurück, und dann war es auch wieder genug mit den Heldentaten. Die Schallenberger bauten die Burg zum Renaissanceschloss aus, oder halt zum Renaissance-Schlösschen. Noch heute ist der kleine Arkadenhof mit seinen Sgraffito-Malereien ein Ort, von dem eine besondere Harmonie ausgeht. Und dieses Gefühl verlässt einen die ganze Besichtigung lang nicht, ob man nun den Ausblick vom Pallas genießt, der einmal sechs Meter höher war, die gewaltigen Natursteingewölbe im Erdgeschoss oder die Zimmererarbeiten bewundert, die nach einem Dachstuhlbrand im Jahr 2002 notwendig wurden. Auch das ambitionierte Kulturprogramm, das die Burg fest in der Helfenberger Gegenwart verankert, fügt sich ins stimmige Gesamtbild. Alles in allem also eine recht unspektakuläre und genau deswegen unbedingt sehenswerte Burg.

Adresse Piberstein 1, 4184 Helfenberg | **Anfahrt** südöstlich von Helfenberg, über die Schallenberg Bezirksstraße leicht erreichbar | **Tipp** Die Helfenberger Weberei Vieböck in der Leonfeldnerstraße 26 ist die älteste noch bestehende Weberei des Mühlviertels (Mo–Fr 13–17 Uhr, www.vieboeck.at).

28 Die Jeans

Wozu Haarspalterei gut sein kann

Stefan Fölser nimmt einen trockenen Flachsstängel in die Hand, reibt ihn zwischen den Fingern und zieht ihn ein paarmal zwischen den Nägeln durch. Langsam verwandelt sich der vermeintlich grobe Strohhalm in ein Büschel haarfeiner Fasern, jeweils nur einen Hundertstel Millimeter dick. »Und sie sind innen hohl«, erklärt der gelernte Landwirt, woher diese so feine Faser ihre hervorragenden Isoliereigenschaften hat.

Diese macht sie zum idealen Dämmstoff. Warum soll man sich schließlich aus Erdöl gewonnenes Styropor an die Wand kleben, wenn ein viel besseres und ökologischeres Material direkt vor der Haustür wächst? Nachhaltig ist Letzteres natürlich auch, das war schließlich die Idee dahinter. Seit im Mühlviertel wieder mehr Leinöl produziert und der entsprechende Flachs angebaut wird, bleiben wieder mehr der nicht fürs Ölpressen geeigneten Pflanzenteile übrig. Diese werden in Stefan Fölsers 1998 gegründetem Unternehmen »Naturfaser Fölser« weiterverarbeitet. Drei Wochen lässt man die Flachsstängel auf dem Feld liegen, damit Mikroorganismen das holzige Lignin abbauen. Nach dieser sogenannten »Röste« wird das Flachsstroh eingesammelt und in einem kleinen Bauernhof bei Petersberg, in dem die Firma untergebracht ist, gehäckselt.

Es gibt aber noch einen zweiten Raum im Wirtschaftstrakt des alten Einschicht-Hofes. Dort wird Faserflachs verarbeitet, dessen Fasern besonders lang und fein sind. Sie werden hier zu dem Stoff, aus dem seit jeher Stefan Fölsers Träume gesponnen sind: zu originalem Mühlviertler Denim.

500 maßgeschneiderte Jeans stellt die kleine Fabrik im Bauernhof jährlich her. Die Produktion der Dämmstoffe hat Stefan Fölser bereits an seinen Nachfolger Martin Mahringer übergeben. Doch nach wie vor steht der Unternehmensgründer täglich in seiner Fabrik. Er ist der letzte Spinner des Mühlviertels – und stolz darauf.

Adresse Piberberg 25, 4185 Helfenberg, www.naturfaser-foelser.at | **Anfahrt** von Linz über die Leonfeldner Straße bis Zwettl, dort links Richtung Helfenberg abbiegen | **Öffnungszeiten** nach Vereinbarung unter Tel. 0664/5141332 oder per E-Mail an nff@naturfaser-foelser.at | **Tipp** Wenn es sogar für die klimaausgleichenden Helfenberger Leinenjeans zu heiß ist, hilft nur noch ein Sprung ins Wasser des nahen Naturbadeteichs von St. Johann am Wimberg.

29 Der Mittermayrhof

Besuch in der wilden alten Zeit

Schilf kommt hier nicht aufs Dach, auch wenn das Denkmalamt es noch so oft vorschlägt. Im Mühlviertel wurden die Dächer schließlich jahrhundertelang mit Roggenstroh gedeckt, bis man sich Robusteres leisten konnte. Und wenn man einmal kein Stroh mehr auftreiben kann, weil sich niemand mehr die Arbeit antut, das Getreide händisch zu ernten und zu Kornmandeln zu binden, dann wird es eben ein Schindeldach geben.

Kompromisse gibt es im zum Freilichtmuseum gewordenen Mittermayrhof zu Pelmberg hingegen keine. Hier ist alles original: das Dach, die Stuben, die Armut. Denn so schön dieser Hof ist und so idyllisch er auf den ersten Blick wirkt, so klar wird beim Rundgang auch, wie mühselig das Leben hier einmal war. Aber natürlich greift man die alten Werkzeuge heute noch gern an, weil das Handgemachte eben so gut in der Hand liegt. Man erfährt viel über den Mühlviertler Flachsanbau, die bäuerliche Textilproduktion und das Leben von Knechten und Mägden am Hof. Letztere hatten den Vorteil, neben dem Stall schlafen zu können, wo es im Winter eine Spur wärmer war.

Für einen Hauch von Wohlstand steht hingegen die stattliche Kutsche für den sonntäglichen Kirchenbesuch, vor allem aber die gute Stube im ersten Stock mit ihren typischen bunten Hirschbacher Bauernmöbeln. Dass es nicht immer gemütlich zuging, sieht man im Erdgeschoss, wo hinter dichter Bepflanzung einst der Eingang in eine Fluchthöhle versteckt war. Ein unangenehm enger Durchschlupf führt in den Gang direkt unter der Stube. Dort konnten die Geflohenen horchen, ob die ungebetenen Besucher, vor denen sie sich versteckten, noch da waren. Man meint, die Not und die Beklemmung noch zu spüren, zwängt man sich in diese allerletzte – hoffentlich – unbemerkt gebliebene Zuflucht unter der Erde. Ein lohnender Besuch in der nicht immer unbedingt guten, aber oft ganz schön bewegten alten Zeit.

Adresse Pelmberg 2, 4202 Hellmonsödt | **Anfahrt** über die B126 bis Hellmonsödt, von dort in südlicher Richtung über Althellmonsödt nach Pelmberg, den Wegweisern folgen | **Öffnungszeiten** Mai–Okt. Sa, So, Feiertage 14–17 Uhr oder nach Voranmeldung unter Tel. 07215/39110 oder Tel. 07215/3340 | **Tipp** Wer sich nach dem engen Erdloch wieder nach einem weiten Horizont sehnt, findet diesen auf der Aussichtswarte Sterngartlblick bei Haibach.

30 Die Mumie

Ein uraltes Kind als Mühlviertler Memento mori

In vollem Harnisch, einen Löwen zu Füßen, betend oder in kriegerischer Haltung – so präsentieren sich die Herren von Starhemberg den Besuchern ihrer Gruftkapelle. Wer ihre Grabdenkmäler in der Pfarrkirche von Hellmonsödt zu betrachten versteht, erfährt einiges über die illustre Familie. Sie zählt zu den sogenannten »Apostelgeschlechtern«, die mit den Babenbergern in den von der Völkerwanderung verwüsteten Landstrich zogen, der einmal zum Kerngebiet eines Weltreichs werden sollte.

Auch unter den Habsburgern blieben die Starhemberger im innersten Kreis der Macht. Sie brachten eine Reihe von Landeshauptmännern, Diplomaten und Feldherren hervor, unter anderem den Verteidiger Wiens im Jahr 1683, Ernst Rüdiger von Starhemberg. Einige Familienmitglieder wurden zu führenden Protestanten, andere blieben glühende Katholiken. Angehörige beider Konfessionen erwarben zweifelhaften Ruhm als grausame Unterdrücker von Bauernaufständen.

Ein schlichter, namenloser Kindersarg in der Gruft eine Etage tiefer sticht die ganze düster-weihevolle Pracht der ebenerdigen Kapelle aus. In den 1950er Jahren entdeckte man darin eine mumifizierte Kinderleiche, beachtete sie nicht weiter und verschloss den Sarg mit einem Glasdeckel. 2017 wurde die Gruft restauriert und auch die vom Schimmelpilz bereits stark angegriffene kleine Mumie gerettet. Eine Altersmessung per Radiokarbonmethode ergab, dass sie viel älter ist als vermutet. Höchstwahrscheinlich handelt es sich bei dem stämmigen Einjährigen um den 1567 verstorbenen Gregor von Starhemberg.

An dessen Vater Heinrich und seine jüngeren Brüder Reichardt und Erasmus erinnern kunstvolle Grabplatten aus rotem Marmor. Wäre Gregor erwachsen geworden, hätte wohl auch er ein martialisches Denkmal bekommen. Womöglich würde uns das heute kaltlassen. Doch auch der mächtigste Herr war einmal ein kleines Baby.

Adresse Reichenauer Straße, 4202 Hellmonsödt | ÖPNV Bus 260 oder 309 ab Linz Hauptbahnhof | Anfahrt von Linz-Urfahr über den Haselgraben auf der B126, über die Linzer Straße zum Marktplatz | Öffnungszeiten Besichtigung nur nach Voranmeldung bei Josefine Mülleder unter Tel. 0664/73562193 | Tipp Der älteste Besitz der Starhemberger und gleichzeitig die älteste Burg des Mühlviertels ist die nahe Ruine Wildberg – derzeit leider nur von außen zu besichtigen, aber auch das lohnt sich.

31 Die Bauernkrapfen

Vorsicht, frisch geschliffen!

Natürlich kann man auch längliche Teigstücke in heißem Fett herausbacken, wie etwa die in Spanien und Lateinamerika beliebten Churros. Ein richtiger Krapfen ist aber stets eine runde Sache, wie schon der Name sagt. Das Wort »Krapfen« geht laut Wörterbuch auf die indogermanische Wurzel für »drehen« zurück.

So viel zur trockenen Theorie. Viel praktischer ging Rosi Lichtenegger 1993 an die Sache heran und besuchte einen von Tragweiner Bäuerinnen organisierten Kochkurs. Mit auf dem Programm: Bauernkrapfen. An sich eine recht einfache Köstlichkeit aus Germteig, aber ganz zufrieden war Rosi damals nicht mit dem Rezept. Nach dem Kurs experimentierte sie noch weiter – und das erfolgreich, wie der Ansturm auf den Marktstand bewies, auf dem sie von nun an Bauernkrapfen buk und verkaufte. Ein paar Jahre später nahm Rosis Bruder die Bauernkrapfen ins Programm der Tiefkühlfirma auf, mit der er Wirte in ganz Österreich belieferte. Damit wurden die Krapfen ein weiteres Mal zum Verkaufsschlager und für Rosi von der Neben- zur Hauptbeschäftigung. 2001 erweiterte sie mit ihrem Mann Christian ihren Bauernhof in Hinterberg um eine eigene Krapfen-Backstube. 2014 stieg Tochter Birgit in den Betrieb ein, zwei Jahre später wagte die Familie den nächsten Schritt und machte aus der Backstube eine Schaubäckerei mit Restaurant: Die Bauernkrapfenschleiferei war erfunden. Neben der traditionellen Marillenmarmelade werden hier auch Erdbeer-Balsamico- oder Zwetschken-Rotwein-Zimt-Marmelade in die Krapfen gefüllt. Krapfen werden aber auch als Suppeneinlage, pikanter Toast oder Krapfenburger serviert. Geheimnisse gibt es – außer dem genauen Rezept – keine, die Zutaten stammen aus der unmittelbaren Umgebung, die Milch vom eigenen Hof. Bis zu 400.000 Krapfen werden hier jährlich von vier Bäckerinnen »geschliffen«. Warum nennen sie das eigentlich so? Tja, das sieht man vor Ort am besten.

Adresse Hinterberg 11, 4284 Tragwein, www.bauernkrapfen-schleiferei.at | Anfahrt von Tragwein aus den Wegweisern in Richtung Hinterberg folgen | Öffnungszeiten Mi, Do 9–17 Uhr, März–Nov. zusätzlich jede 2. Woche Fr–So 13–19 Uhr, für Gruppen auf Anfrage unter Tel. 07263/7547 | Tipp Die Fahrt zum Burgenmuseum Reichenstein ist von Hinterberg aus landschaftlich besonders reizvoll, das Museum mit seinen Ausstellungen zum Lebensraum Burg und zum Europaschutzgebiet Waldaist-Naarn unbedingt den Besuch wert (www.burg-reichenstein.at).

32 Das Bauernmöbelmuseum

Zeitloser Barock-Pop

Lateinamerikanische Volksmusik klingt oft erstaunlich europäisch – kein Wunder, schließlich waren ja auch zahlreiche österreichische, böhmische und sonstige Musikanten mit den großen Migrationsbewegungen des 19. Jahrhunderts in Richtung Neue Welt gewandert, und die eine oder andere Tuba oder Ziehharmonika war da wohl mit im Gepäck. Doch warum erinnern manche Mühlviertler Bauernmöbel mitunter frappierend an lateinamerikanisches Kunsthandwerk?

Vielleicht findet man ja in der Kunst des Barock ein einigendes Band. In seiner spanischen Ausprägung wurde dieser auch in Mittel- und Südamerika stilbildend, wo er in besonders starken Farben leuchtet. Ähnlich knallige Gelb-, Rot- und Blautöne sowie durchaus vergleichbare Ornamente zeichnen auch die Hirschbacher Bauernmöbel aus.

Deren Geschichte erzählt das Hirschbacher Bauernmöbelmuseum, das über eine besonders reiche Sammlung der weit über die Grenzen Österreichs hinaus begehrten Stücke verfügt, die vor allem im 19. Jahrhundert in großer Zahl hergestellt wurden. Die Möbelproduktion in diesem Eck des Mühlviertels war ursprünglich aus der Not heraus entstanden. Im Winter hatten die Zimmerer der Gegend keine Arbeit und damit kein Einkommen. Sie begannen, Möbel zu tischlern, obwohl das von der Gewerbeordnung untersagt war. Auch das Verzieren der Oberflächen mit Intarsien war verboten, man behalf sich daher mit kunstvoller Bemalung. Diese wurde von den Frauen der Zimmerleute besorgt, die bald als »Malermentscha« berühmt wurden. Sie lernten ihr Handwerk teilweise bei Florianer Tischlermeistern, teils schauten sie sich die Technik von Kirchenmalern ab, beides erklärt die Wahl einiger ihrer typisch barocken Muster. Gemeinsam mit den starken Farben entstand so der unverwechselbare, oft extravagante Stil der Hirschbacher Bauernmöbel – die als Einzelstücke auch in moderner Umgebung eine gute Figur machen.

Adresse Museumsweg 7, 4242 Hirschbach, www.4242.at/museum | Anfahrt von Freistadt Richtung Westen über die Leonfeldner Straße (B38), dann den Wegweisern Richtung Hirschbach über die Hirschbacher Straße (L1498) folgen | Öffnungszeiten Mai–Okt. Di–Sa 14–17 Uhr, So 10–12 und 14–17 Uhr | Tipp Rund um Hirschbach gibt es viele Steinbloß-Höfe, die man über den gut beschilderten Steinbloß-Mauer-Weg Hi10 auf gut elf Kilometer Länge abwandern kann. Wer die Schönheit dieser Architektur lieber sitzend genießt, ist im Kulturwirtshaus Pammer richtig (www.kulturwirtshaus.at).

33 Die Labyrinthe

Der Weg ist das Ziel

Es gibt zwei Arten von Labyrinthen. Die einen sind Irrgärten voller Abzweigungen, Sackgassen und fleischfressender Monster, aus denen man gar nicht wieder herausfinden soll. In den anderen gibt es nur einen einzigen, zwangsläufig richtigen Weg, der allerdings verschlungen ist, kurz vor dem Ziel immer wieder in die Gegenrichtung führt und einem Zeit und Geduld abverlangt.

Während Typ eins bei richtiger Ausrüstung – roter Faden, Keule – Nervenkitzel verspricht, haben Labyrinthe der zweiten Gruppe etwas zutiefst Beruhigendes an sich. Eile und Hektik sind zwecklos, der verschlungene Weg zwingt zu bedächtigem Gehtempo, bei dem die Gedanken ins Fließen kommen. Die Bedeutung des Gehens für das Denken ist altbekannt, kaum ein großer Autor, der nicht auch ein großer Flaneur wäre. Doch anders als beim ziellosen Flanieren gibt das Labyrinth die Bahn vor, in der sich die Geh- und Denkbewegung vollzieht. Das verleiht der Sache Reiz, ist aber auch eine Übung in Demut. Nicht umsonst finden sich in den Böden gotischer Kathedralen häufig Labyrinthe aus Steinplatten. Bei Bußritualen legte man dort den vorgegebenen Weg auf den Knien zurück.

Eher meditativen Zwecken dienen die drei riesigen Labyrinthe in der freien Natur, die in der Umgebung von Hofkirchen im Mühlkreis zu einer Wanderung in Form eines Dreiecks einladen. Von einem blattförmigen »Labyrinth der Begegnung« aus lebenden Hecken geht es zum »Labyrinth der Inneren Einkehr«, für das die Hofkirchner insgesamt 120 Tonnen Feldsteine zusammengetragen haben, bis man zum »Labyrinth der Verwandlung« mit Skulpturen des Bildhauers Gerhard Wünsche kommt, die zum Nachdenken über Abschied und Neubeginn, Geburt und Tod anregen. Zurück in Hofkirchen hat man nicht nur einen zweieinhalbstündigen Fußweg, sondern auch eine weite Gedankenreise hinter sich. Umwege erhöhen eben nicht nur die Orts-, sondern manchmal auch die Selbsterkenntnis.

Adresse Ausgangspunkt: Am Weiher 22, 4142 Hofkirchen im Mühlkreis, www.labyrinthe-hofkirchen.at | **Anfahrt** über die B127, nach Altenfelden links abbiegen, über Lembach nach Hofkirchen, gegenüber der Fleischerei Binder rechts in die Grandgasse einbiegen | **Öffnungszeiten** Labyrinthe frei zugänglich, Anmeldung für geführte Wanderungen unter Tel. 07285/7011 | **Tipp** Wer es sportlicher mag, findet sein Glück beim Kneippweg rund um den nahen Rannastausee. Ein Parkplatz in der Nähe der Staumauer ist über Altenhof und die Rannatal Bezirksstraße erreichbar.

34 Das Rannatal

Zu Besuch bei Lilofee

Stiller kann ein Tal kaum sein. Weit unten fließt die Ranna ihre letzten Kilometer der Donau entgegen. Die steilen Hänge des schluchtartigen Tals sind dicht bewaldet, ein einsamer Wanderweg führt an der Ruine Falkenstein vorbei. Jahrhundertelang bröckelte sie vergessen von der Öffentlichkeit vor sich hin, ehe im Jahr 2011 einige beherzte Freiwillige beschlossen, ihre letzten Reste vor dem endgültigen Einsturz zu bewahren.

Schwer zu glauben, dass dieses Tal und diese Burg einmal das Machtzentrum des Oberen Mühlviertels schlechthin darstellten. Falkenstein war das Zentrum der Kolonisation des ganzen Gebiets: Die Rodung Kollerschlags sowie die Gründungen Rohrbachs und des Stiftes Schlägl wurden von hiesigen Burgherren betrieben. Zawisch von Falkenstein, ein Ururenkel des von Stifter verewigten Witiko, war ein bedeutender Widersacher Ottokar Přemysls. Grillparzer-Leser kennen ihn aus »König Ottokars Glück und Ende« als den Liebhaber Kunigundes, der Frau des Böhmenkönigs. Nach seinem Tod eroberten die Habsburger Falkenstein. Einer ihrer Lehensmänner, Hans Oberhaimer, ließ den heute noch aufrechten Wasserturm erbauen. Dorthin zog sich die Frau eines seiner Nachfahren, Othmar Oberhaimer, regelmäßig zurück. Othmar hatte sich bei einer Reise an den Rhein in sie verliebt. Unter der Bedingung, in Vollmondnächten ungestört zu bleiben, kam sie mit ihm ins Mühlviertel. Einmal spionierte der Ritter seiner Frau hinterher und sah, dass sie in dieser Nacht statt Beinen einen Fischschwanz hatte – seine Frau war die Nixe Lilofee, die nach dem gebrochenen Versprechen für immer verschwand.

Heute sieht man auf einer Wanderung von Falkenstein in das Rannatal hinunter zwar keine Nixen, mit etwas Glück aber die eine oder andere Smaragdeidechse. Doch allein der Blicke wegen lohnt sich die Wanderung durch die stille Schlucht, in der unhörbar das Echo einer großen Vergangenheit nachhallt.

Adresse 4142 Hofkirchen im Mühlkreis | Anfahrt in Hofkirchen die Falkensteinstraße Richtung Altenhof nehmen, Fußweg zur Ruine ab leer stehendem Bauernhof an der linken Straßenseite, gelbe Wegweiser von der Straße aus sichtbar, kleiner Parkplatz vorhanden | Tipp »Nomen est omen«, das gilt für den nahen Ort Pfarrkirchen. Die dortige Kirche lohnt unbedingt den Besuch, die Fresken und der gemalte Stuck Giovanni Carlones wurden erst bei Renovierungsarbeiten entdeckt und freigelegt.

35 Die Ruine Haichenbach

Billige Burg mit unbezahlbarer Aussicht

Als ob die 180-Grad-Kurve der Schlögener Schlinge mit ihren Stromschnellen nicht gefährlich genug gewesen wäre, nisteten sich auch noch Raubritter auf Burg Haichenbach hoch über dem Strom ein. Der Passauer Bischof, bei dem sich die Kaufleute über seine Lehensmänner beschwerten, intervenierte beim bayerischen Herzog Ernst. Dieser führte einen kurzen Kriegszug gegen die Oberhaimer, die auch Falkenstein und Marsbach beherrschten. Die Burgen wurden gestürmt, Ritter Othmar gefangen, verurteilt und enthauptet. Falls es sich um denselben Othmar von Oberhaim handeln sollte, der in der Sage von der Nixe Lilofee vorkommt – und von dieser verlassen wird, nachdem er ihr nachspioniert und ihr Geheimnis entdeckt hat –, dann war er ein echter Unglücksrabe. Mit der Enthauptung war es nämlich nicht getan: Für seine Verbrechen wurde er auch noch in der Hölle bestraft, wo er zwar in Gold baden durfte, aber eben in siedendem. Der Sage nach war es schließlich wieder der Bischof von Passau, der den Raubritter aus der goldenen Qual erlöste. Er schickte einen Brief mit geweihtem Siegel nach Haichenbach, woraufhin ihm zwei baumlange Teufel die Beute des Ritters übergaben.

Dass sie sich hervorragend als Sagenschauplatz eignet, versteht jeder, der die Burg Haichenbach besucht, die hoch über der Schlögener Schlinge thront, auf einer wie eine Halbinsel von der Donau umspülten Landzunge. Der Blick über die Donau, der die Oberhaimer einst auf dumme Gedanken brachte, ist heute noch traumhaft. Allzu profitabel dürfte die Raubritterei übrigens nicht gewesen sein: Burg Haichenbach ist eine vergleichsweise kleine Burg, in der die Ritter einigermaßen beengt gehaust haben müssen. Noch dazu waren die Mauern ungewöhnlich dünn und aufgrund ungeschickter Planung schlecht zu verteidigen. Entsprechend oft wechselte Burg Haichenbach die Besitzer, ehe sie kurz nach Othmars unrühmlichem Ende ganz aufgegeben wurde.

Adresse Dorf 12, 4133 Hofkirchen im Mühlkreis | **Anfahrt** von Hofkirchen über Emmersdorf und Wiesen nach Dorf, dort den Wegweisern zum Parkplatz folgen, alternativ mit dem Fahrrad zur Radfähre Au und zu Fuß zur Ruine | **Tipp** Steil den Hang hinunter geht es durch einen nach Kiefern duftenden Wald nach Au, dort führt ein Naturlehrpfad nach Grafenau weiter. Der Rückweg ist dank einer Längsfähre unproblematisch.

36 Der Biohof Seufferlein

Selbst gemacht vom Garten bis zum Kleiderschrank

Sollten Sie einen Quadratmeter im Garten frei haben, gibt es keine Ausrede. 1 Quadratmeter Lein = 100 Gramm Flachs = 1 Zopf = 1 T-Shirt lautet eine einfache Formel. Klingt zu theoretisch? Am Biohof Seufferlein kann man lernen, die Formel in die Praxis umzusetzen. »Flachs im Jahreskreis« heißt einer von Christiane Seufferleins Kursen, bei dem man von der Aussaat bis zum fertigen Schal jeden Arbeitsschritt selbst macht.

Die Theorie gibt es auf Wunsch natürlich auch dazu. Die Faden-Expertin weiß fesselnd von der »string revolution« zu erzählen, einer Theorie, der zufolge der Erfindung des Fadens in der Menschheitsgeschichte größere Bedeutung zukommt als der des Rades. Erste Fäden wurden vor über 30.000 Jahren gedreht und dienten dazu, Dinge zusammenzuhalten oder Netze zu knüpfen. Die Kulturtechnik ist älter als das Töpfern, gerät aber immer mehr in Vergessenheit. So schätzen viele auch den Wert so mancher alter Kiste nicht richtig ein, die oft noch auf dem Dachboden herumsteht – voll mit Flachszöpfen, von denen früher bei jeder Ernte einer für die heranwachsenden Mädchen zur Seite gelegt wurde. Sie stellten die Lebensversicherung der Frau dar und blieben auch nach der Hochzeit ihr Eigentum. Neben dem tatsächlichen hatten sie einen hohen ideellen Wert und blieben meist unangetastet. Heute kann niemand mehr Flachs zu einem Faden spinnen, daher wandern viele der sorgsam aufbewahrten Kisten auf den Müll. »Her mit den alten Zöpfen«, inserierte Christiane Seufferlein – und bekam binnen weniger Wochen 60 Kisten Flachs, die ältesten aus dem 19. Jahrhundert. Was kein Problem ist: Flachs überdauert die Jahrzehnte problemlos. Die nachhaltigen Stoffe von einst sind der größte denkbare Kontrast zur aktuellen Textilproduktion, von der noch im selben Jahr zwei Drittel auf dem Müll landen – oft nachdem sie mehrfach den Globus umrundet haben. Da möchte man doch sofort zum Spinnrad greifen.

Adresse Leithen 16, 4162 Julbach | Anfahrt von Ulrichsberg über die Stifterstraße nach Julbach, dort nach Sagberg, dann nach Leithen, bei der Kapelle links nach Hinterleithen abbiegen | Öffnungszeiten Anmeldung und Information unter Tel. 0680/2476272 | Tipp Wer wissen möchte, wo die kleinen Kinder herkommen, muss über die Höhenstraße auf den Julbacher Kalvarienberg. Dort befindet sich der Drosselstein, in dem die Babys auf ihre Auslieferung warten. Wer sein Ohr unten an diesen Granitblock legt, hört sie wimmern.

37_Die Plaza

Ein Julbacher Platz mit Weltgeltung

»Strömung« heißt eines der heimlichen Linzer Wahrzeichen. Die Skulptur aus gewelltem Chrom-Nickel-Stahl, die seit 1977 vor dem Brucknerhaus steht, zählt zu den häufigsten Postkartenmotiven der Landeshauptstadt. Sie stammt vom in Julbach geborenen Bildhauer Erwin Reiterer, der Werke mit hohem Wiedererkennungseffekt geschaffen hat: Wer eine Skulptur Reiterers gesehen hat, kann auch die meisten seiner übrigen Werke sofort zuordnen. Wer jedoch frei nach dem Motto »Kennst du eins, kennst du alle« glaubt, es lohne sich daher nicht, sich weiter mit den ungewöhnlichen Metallskulpturen auseinanderzusetzen – der oder die irrt. Vielmehr ist es jedes Mal wieder aufs Neue verblüffend, welche Ausdrucksmöglichkeiten der 2015 verstorbene Künstler den vermeintlich immer gleichen Stahlbalken zu verleihen vermochte. Nimmt man sich genug Zeit, sich auf die Kunstwerke einzulassen, fallen besonders die Zärtlichkeit, mit der sie sich aneinanderschmiegen, sowie die Geborgenheit, die sie einander geben, auf. Plötzlich sehen die nur auf den ersten Blick groben Stahlkolosse auf berührend zerbrechliche Weise menschlich aus.

Als Erwin Reiterer 1978 an einem Wettbewerb für die Gestaltung der Plaza vor der Wiener Uno-City teilnahm, war auch genau das sein Ziel: der Menschheit ein Denkmal zu setzen. Wie viele andere Intellektuelle und Künstler hatte Reiterer Angst vor einem Atomkrieg, der die Menschheit vernichten würde. Den führenden Köpfen den Wert der Menschlichkeit vor Augen zu führen, war ihm daher ein dringendes Anliegen. »Für einen Platz mit Weltgeltung konnte nur eine große Idee gestalterischer Impuls sein«, erklärte Reiterer seinen Grundgedanken. Die damalige Jury konnte der Bildhauer damit nicht überzeugen, verwirklichte sein Konzept für einen »Platz der Menschheit« aber dennoch. Der Platz mit Weltgeltung befindet sich jetzt in Julbach.

Adresse Tiefe Gasse, 4162 Julbach | **Anfahrt** südöstlich von Ulrichsberg in Richtung Peilstein, erreichbar über die Stifterstraße | **Tipp** Natürlich ist alles relativ, doch Julbach gilt als das Meran des Mühlviertels. Am besten genießt man das milde lokale Klima auf dem acht Kilometer langen »Julbacher Weiselweg«, der beim Landgasthaus Pernsteiner in Niederkaml beginnt.

38 Die Brennerei

Dachbodenfund mit Folgen

Die einen entdecken alte Kinderzeichnungen auf dem Dachboden, die anderen alte Getreidesorten. So fanden sich doch noch ein paar Handvoll »Kaltenberger Winterroggen« bei zwei Landwirten im Ort. Die ausgestorben geglaubte, besonders winterharte Sorte gedeiht selbst auf über 1.000 Meter Höhe gut. Da sie wenig Ertrag bringt, wurde sie nicht mehr ausgepflanzt – bis im Jahr 2011 Mario Thauerböck auf den ans raue Mühlviertler Klima angepassten Roggen aufmerksam wurde. Als er ein Jahr später mit seiner Frau Monika den elterlichen Biohof übernahm, hatte er eine Idee, was sie aus der alten Sorte machen würden: Whisky. Und Roggenbrand, zu dem niemand »Korn« sagen darf. Für diese Bezeichnung, die an Massenprodukte denken lässt, ist die ungewöhnliche Sorte mit dem besonderen Geschmack einfach zu schade – und die Qualität des dreifach gebrannten Destillats, das weich und cremig auf der Zunge liegt und an Birne und Banane erinnert, zu hoch.

»Qualität ist die Summe aller nicht gemachten Kompromisse« lautet das Motto der Thauerböcks. Irritationen nehmen sie in Kauf. So waren Marios Eltern entsetzt von der Idee, das Getreide wieder händisch zu »schnittern« und zu Kornmandln zu binden. Doch nur so kann das Stroh zum Eindecken verwendet werden, und Nachhaltigkeit ist bei einer Sorte, die so wenig Ertrag bringt, oberstes Gebot.

Das Kornmandl wurde für die Thauerböcks zum Symbol für ihre Lebens- und Arbeitsweise. Sie führen alte Traditionen wie das Brennen von Pechöl weiter, gönnen ihren »Whiskyschweinen« ausreichend Auslauf und verwenden ihre Edelbrände aus alten Roggen- und Dinkelsorten als Basis für »Tschin« oder Liköre aus Heidelbeeren, Quitten, Tannenwipfeln oder Salbei, deren Zutaten sie selbst ernten.

Schnelles Wachstum ist mit dieser Philosophie unvereinbar. Monika und Mario setzen daher nicht auf intensive Werbung. Ihr Motto: »Wir wollen gefunden werden.«

Adresse Silberberg 8, 4273 Kaltenberg, www.thauerboeck.com | **Anfahrt** von Freistadt auf der Nordkamm Landesstraße L579 über Nadelberg und Ebenort bis Silberberg, den Wegweisern folgen | **Öffnungszeiten** Mo–Sa 9–12 und 13.30–17 Uhr, Voranmeldung unter Tel. 0664/1020999 | **Tipp** Vom Hof der Thauerböcks ist es nicht weit zum Kammererkreuz, dem höchsten Punkt des Johanneswegs. Eine Steinbloß-Kapelle steht auf dem aussichtsreichen Gipfel.

39 Das Kardenmuseum

Kein Kuscheln ohne Kratzen

Für den Laien sieht sie aus wie eine große Klette. Doch mit dem lästigen Korbblütler ist die vornehme Karde im Katsdorfer Wappen nur sehr weitschichtig verwandt. Die mit Napoleons Truppen aus Südfrankreich nach Mitteleuropa gewanderte Pflanze verschaffte Katsdorf 150 Jahre lang internationale Geltung als europäische Kardenhauptstadt: Über 70 Millionen Kardenköpfe wurden um die letzte Jahrhundertwende Jahr für Jahr von hier in alle Himmelsrichtungen exportiert. Nachgefragt wurden die stacheligen Fruchtstände der Pflanze mit ihren leicht nach hinten gebogenen, elastischen Spitzen von der Textilindustrie. Sie eignen sich ideal dafür, die Oberfläche von Wollstoffen aufzurauen, ohne das Gewebe zu beschädigen. Kratzigharte Wolldecken oder -jacken bekommen durch die Behandlung mit Karden eine flanellartige, weiche Oberfläche.

Im Unteren Mühlviertel gedieh die zweijährige Pflanze besonders gut. Ihre Ernte erfolgte händisch, da nie alle Köpfe – von denen eine Pflanze bis zu 20 tragen kann – gleichzeitig reif sind. Da die Blüten der Karde bei Bienen und Hummeln sehr beliebt sind, wurde die Ernte oft nicht nur wegen der stacheligen Pflanzenköpfe zu einer unangenehm schmerzhaften Plackerei. In großen, auf dem Kopf getragenen Körben sammelten die sogenannten »Kardenweiber« die Fruchtstände.

Als Zwischenhändler die Preise drücken wollten, gründeten die Kardenbauern des Unteren Mühlviertels in Katsdorf die erste Genossenschaft Österreichs, die fortan die Preisgestaltung regelte. 1953 wurde sie aufgelöst. Der osteuropäische Markt war durch den Eisernen Vorhang weggebrochen, Stahlkarden machten der natürlich gewachsenen Karde zunehmend Konkurrenz, und die gestiegenen Preise für Rüben brachten viele Bauern dazu, die Produktion umzustellen. Heute erinnert nichts mehr an die einst wichtigste Kulturpflanze im Unteren Mühlviertel – bis auf das Kardenmuseum von Katsdorf. Und das Wappen.

Adresse Kirchenplatz 1, 4223 Katdsdorf | **Anfahrt** über die A7, Ausfahrt Engerwitzdorf, den Wegweisern folgen, Museum im Ortszentrum unmittelbar hinter der Kirche | **Öffnungszeiten** April–Okt. jeden 1. So im Monat 13–16 Uhr oder nach Voranmeldung unter Tel. 0664/73003561 | **Tipp** Der Minnesänger Dietmar von Aist lebte auf einer nicht mehr vorhandenen Burg nördlich von Katsdorf – die man noch besichtigen kann. Ihr Bild ist auf eine durchsichtige Plexiglastafel an der Breitenbrucker Straße gedruckt, das einen die Burg – richtig betrachtet – wieder auf ihrem alten Hügel sehen lässt.

40 Die Salamitrocknerei

Tausendmal weniger, tausendmal besser

100 Tonnen Salami pro Woche stellte die bayerische Wurstfabrik her, in der Erwin Saller viele Jahre in leitender Position gearbeitet hat. Als es ihn eines Tages ins Mühlviertel verschlug, landete er in einem noch größeren Betrieb. Doch der Preisdruck und die Arbeitsbedingungen, die mit der Massenproduktion einhergehen, machten ihn schon lange nicht mehr glücklich. Als die Bioregion Mühlviertel ins Leben gerufen wurde und plötzlich überall Kleinproduzenten »wie die Schwammerl« aus dem Boden wuchsen, wusste er: »Da will ich dabei sein!«

Er kündigte, fuhr zum Elektrodiskonter und kaufte sich dort einen Heizlüfter und einen Luftbefeuchter. Damit verwandelte er eine alte Selchkammer in einen Reife- und Experimentierraum. Nach einigen vielversprechenden Versuchen mietete sich der vom industriellen zum handwerklichen Salamitrockner gewordene Fleischereitechnikmeister bei einem Bauern in Lasberg ein. 20 Kilo Salami produzierte er nun pro Woche aus hofeigenem Bio-Fleisch – 5.000-mal weniger als früher, aber halt ebenso viel besser.

Das sprach sich schnell herum. Immer größer wurden die Gruppen, die sich zur Verkostung anmeldeten, bald wurde der gemietete Raum am Bauernhof zu klein. 2019 fand die Salamitrocknerei in Katsdorf eine neue Bleibe. Hier gibt es ausreichend Platz zur Verarbeitung und Trocknung von Salami und Mühlviertler Prosciutto, aber auch dafür, Besuchern zu erklären, warum es für den besonderen Geschmack der handwerklich produzierten Wurst wichtig ist, statt dem üblichen Cutter einen Fleischwolf zu verwenden, der die Zellen des Fleisches nicht zerstört. Aus dem Zusammenspiel von höchster Bio-Qualität, dem richtigen Rezept, der passenden Temperatur und Kultur – gemeint sind Edelschimmelpilze – entsteht hier eine Wurst, die in Mühlviertler Breiten, wo das Klima viel feuchter ist als in Italien, eben keine besondere Tradition hat. Was sich möglicherweise gerade ändert.

Adresse Sonnenhang 1, 4223 Katsdorf, www.salamitrocknerei.at | **ÖPNV** Bus 345 Richtung Wartberg ob der Aist ab Linz Hauptbahnhof | **Anfahrt** über die A7, Ausfahrt Engerwitzdorf, nach Katsdorf, Salamitrocknerei nordwestlich vom Ortszentrum gleich hinter dem Gemeindeamt | **Öffnungszeiten** Führungen nach Voranmeldung unter Tel. 0650/8809632 | **Tipp** Im selben Gebäude wie die Salamitrocknerei ist auch die Manufaktur »Mühlviertler Feuerzeug« untergebracht, die aus Mühlviertler Chilis und ungewöhnlichen Zutaten wie Heidelbeere, Hibiskus und Roter Rübe köstlich-scharfe Grillsoßen herstellt.

41 Die Decke

Österreichs schönster Stuck

Was blieb von der Renaissance? In Mitteleuropa nach dem Dreißigjährigen Krieg nicht viel. Der Wiederaufbau erfolgte im Barock, der die habsburgischen Lande für die nächsten Jahrhunderte prägen sollte. Die Bauwerke und Kunstsammlungen der Renaissance und des Manierismus, die gebildete und kunstaffine Herrscher wie Maximilian II. oder sein Sohn Rudolf II. hinterlassen hatten, waren zerstört oder in alle Winde zerstreut.

Erhalten blieben hingegen einige damals zu Renaissanceschlössern umgebaute mittelalterliche Ritterburgen, zu denen auch Schloss Weinberg bei Kefermarkt zählt. Es überdauerte die Jahrhunderte, doch als 1955 die Rote Armee wieder abzog, schien es dem Untergang geweiht: Das Schloss war unbewohnbar, die Einrichtung zerstört. Auch die prachtvolle Stuckdecke des Ahnensaals war spurlos verschwunden – dies allerdings in voller Absicht. Man hatte sie gegen Kriegsende vorausschauend unter einer abgehängten Decke versteckt.

Verantwortlich für ihren erstaunlich guten Erhaltungszustand ist neben weiser Voraussicht der damaligen Schlossherren reichlich Kälberhaar, das man 1604 in den Kalkmörtel mischte. Das machte ihn besonders stabil. Und so schweben damals wie heute Figuren aus Stuck scheinbar frei knapp unterhalb der Decke im Raum. In den Ecken die personifizierten Jahreszeiten, die Elemente Luft, Wasser, Feuer und Erde sowie christliche und antike Kardinaltugenden. Im Zentrum musiziert Orpheus, dem die wilden Tiere gebannt lauschen, um ihn herum sind weitere Szenen aus Ovids Metamorphosen angeordnet. Sie alle stehen für eine Epoche, in der Kunst und Wissenschaften aufblühten und die Antike als leuchtendes Vorbild wiederentdeckt wurde. »Es ist eine Lust zu leben«, brachte der Humanist Ulrich von Hutten die damalige Aufbruchsstimmung auf den Punkt – in den Stuck von Schloss Kefermarkt gebannt ist sie als Erinnerung erhalten.

Adresse Weinberg 1, 4292 Kefermarkt | Anfahrt südlich von Freistadt unweit der S10, Weg zum Schloss gut beschildert | Öffnungszeiten Führungen Mai–Okt. Fr 14 Uhr oder nach Voranmeldung unter Tel. 07947/6545 | Tipp Nicht vor der Besatzungsmacht, dafür aber vor dem Holzwurm rettete einst Adalbert Stifter den berühmten gotischen Flügelaltar der Kirche von Kefermarkt, eine der bedeutendsten Sehenswürdigkeiten des ganzen Landes.

42 Die Flussperlmuscheln

Kostbar auch ohne den Mittelteil

Sie heißt zwar mit wissenschaftlichem Namen Margaritifera margaritifera, hat aber nichts mit Blumen zu tun. Vielmehr ist es genau umgekehrt: »Margarita« ist das griechische Wort für »Perle«. Die Römer machten ein Kosewort daraus. Von der Geliebten zur Blume, deren Blütenblätter man vor der Erfindung von Facebook abzupfen musste, um den Beziehungsstatus herauszufinden, war der Weg nicht weit.

Doch zurück zur Perle und ihrer Trägerin – nichts anderes bedeutet »Margaritifera« –, der Flussperlmuschel. Die war einst im Mühlviertel so häufig, dass sie als Plage galt. Bauern schaufelten sie mit Mistgabeln aus den Flüssen und fütterten ihre Schweine mit dem Muschelfleisch. Besuchern des Stifts Schlägl wird als Höhepunkt der Führung ein Messgewand präsentiert, das mit gut 10.000 gefärbten Flussperlmuscheln bestickt ist. Durchaus passend, im Mittelalter galt die Perle als Zeichen der Liebe zu Gott. Sie zu finden ist mit viel Aufwand verbunden: Nur jede 4.000. Flussperlmuschel trägt ihren Namen »margaritifera« zu Recht und bildet eine Perle.

Mit dem millionenfachen Vorkommen der Muscheln im Mühlviertel ist es seit der Industrialisierung vorbei. Sie können nur in naturnahen Gewässern überleben, die gelegentlich über die Ufer treten. In den begradigten und dadurch beschleunigten Flüssen, die mehr Sand mit sich führen als früher, ersticken sie. Außerdem brauchen sie zur Fortpflanzung die immer seltener werdenden Bachforellen, in deren Kiemen sich die Muschellarven in ihren ersten Lebensmonaten festklammern.

Ein unscheinbarer Container am Rand von Kefermarkt beherbergt Österreichs erste Flussperlmuschel-Zuchtstation. Hier werden die natürlichen Lebensbedingungen der bedrohten Schalentiere so gut wie möglich simuliert, sogar Bachforellen für die Larven gibt es. Bereits 4.000 Muscheln konnten auf diese Weise nachgezüchtet und ausgewildert werden. In Perlen umgerechnet: eine.

Adresse Flanitztal, 4292 Kefermarkt | Anfahrt an der Straße in Richtung Gutau auf der rechten Seite kurz nach dem Zentrum von Kefermarkt, unmittelbar neben einem Fischteich | Öffnungszeiten Besichtigung nur nach Voranmeldung bei Daniel Daill unter Tel. 0650/7278166 | Tipp Südlich von Kefermarkt, in Harterleiten, befindet sich an der Adresse Harterleiten 30 ein besonderes Naturdenkmal: eine sogenannte Tausendjährige Eibe, deren tatsächliches Alter auf mindestens 500 Jahre geschätzt wird.

43_Die Quelle

Ein Platz in der ersten Reihe

Natürlich hat auch Urfahr seine »Berge«, doch von hier aus sind sie nur kleine Mugel. Erst in Kirchschlag steht man so richtig über den Dingen. Linz dünstet irgendwo da unten in der Nebelsuppe vor sich hin, viel näher fühlt man sich da schon dem Ötscher, auf den man den Blick aus der ersten Reihe fußfrei genießt.

Vielleicht macht einen ja die Aussicht so enthusiastisch, dass man sich alles Mögliche einbildet, aber natürlich schmeckt hier die Luft ganz anders, und das Wasser erst! Jedenfalls war Adalbert Stifter, der sich 1865 nach Kirchschlag zurückzog, um den »Witiko« zu vollenden, von beidem begeistert. Besonders das Wasser, das schon im 18. Jahrhundert als heilsam bei »Leber-, Milz- und Gekröseanschoppungen« galt, hatte es dem Dichter angetan. Der an ständigem Heißhunger leidende Binge-Eater, der trotz sechs ausgiebiger Mahlzeiten am Tag stets das Gefühl hatte, die von ihm verschlungenen Riesenportionen würden in seinem Bauch »ins Bodenlose« stürzen, hoffte auf eine Linderung der Folgen seiner Leberzirrhose. Darüber hinaus war er überzeugt, Kirchschlag sei zu Größerem bestimmt: »Wer nun den unermeßlich heilsamen Einfluß des reinen Wassers in Verbindung mit reiner Luft auf unsern Körper, wenn beides auf gewöhnlichen Wegen gebraucht wird, kennt […], wird ermessen, daß Kirchschlag zu einer Stelle europäischer Bedachtnahme bestimmt ist«, schrieb er in einem seiner endlosen Sätze an seine Frau. Nun sind Stifters gesammelte »Winterbriefe aus Kirchschlag« heute noch bekannt, von der europäischen Bedeutung Kirchschlags bemerkt man hingegen wenig.

Immerhin führt ein schöner Rundwanderweg auf Stifters Spuren vom leider völlig zuasphaltierten Ortskern vorbei an der herrlichen Stifterlinde und dem alten Badhaus zur Rudolfsquelle. Dort sprudelt das vom Dichter so gepriesene Wasser. Es konnte ihn zwar nicht mehr retten, schmeckt aber tatsächlich hervorragend.

Adresse Adalbert-Stifter-Wanderweg, 4202 Kirchschlag bei Linz | **Anfahrt** von Linz über den Haselgraben beziehungsweise die Leonfeldner Straße und die Kirchschlager Bezirksstraße Rundweg ab Kirchschlag 38, vorbei an der alten Volksschule und dem Badhaus hinunter zur Rudolfsquelle, den Wegweisern mit Stifter-Porträt folgen, gesamte Gehzeit etwa 2 Stunden | **Tipp** Noch schöner als vom alten Badhaus ist der Blick von der Aussichtswarte auf dem nahen Breitenstein, für Schwindelfreie gibt es dort einen Hochseilklettergarten.

44__Der Weingarten

Das Terroir des Haselgrabens

Kairos hat eine Locke an der Stirn, doch einen kahlen Hinterkopf. Er ist der griechische Gott der Gelegenheit, die man am Schopf packen muss. Lässt man den richtigen Zeitpunkt vorübereilen, bekommt man ihn nicht mehr zu fassen.

2019 hatte der Werber Manfred Maureder Lust auf Veränderung. Er wollte nicht in der Agentur alt werden, sondern wieder mehr mit den Händen machen, mit Lebensmitteln, vielleicht ein paar Reben im Garten pflanzen. Ein bisschen diffus war das noch, da las seine Frau Ingrid ein Inserat im Internet: Ein Weingut stehe zum Verkauf, mit einem auf 20 Terrassen angelegten Weingarten, 3.600 Reben auf 450 Meter Seehöhe – im Haselgraben, gleich nördlich von Urfahr. Manfred spürte die Locke des Kairos zwischen den Fingern, griff zu und sagte: »Das machen wir.«

Ein Jahr verbrachte er mit dem Vorbesitzer im Weingarten. Er lernte viel und beschloss, von nun alles anders zu machen: ungeschönten, unfiltrierten Wein, der nach der Gegend schmeckt, in der er wächst, nach Granit und rauen Nächten also, eher nicht lieblich, dafür knackig frisch. Bio natürlich auch, und dabei musste Manfred einiges Lehrgeld zahlen und mit allerlei Pilzen und Schädlingen umgehen lernen.

Aus der Ruhe brachte ihn das nicht, denn das war eingeplant. So wie die Zusammenarbeit mit Georg Friedl, der als Koch und Kochbuchautor seit Jahrzehnten davon besessen ist, den Geschmack des Mühlviertels in seinen Gerichten einzufangen.

Koch und Winzer leben im puristisch neu gestalteten Weingut ihre Experimentierfreude aus: Der eine verarbeitet alte Milchkühe »nose to tail«, also wirklich so gut wie restlos, und kreiert neue Brotsorten, der andere versucht sich an Grappa, Verjus und Wermut. Hauptgeschäft ist natürlich der Wein, den es hier als gemischten Satz, Grünen Veltliner und Rosé gibt, abgefüllt in Tonflaschen, die lange kühl bleiben – wie es zum Mühlviertler Terroir passt.

Adresse Hochbuchedt 4, 4040 Kirchschlag bei Linz | **Anfahrt** von Linz über die Leonfeldnerstraße, dann dem Wegweiser in Richtung Kirchschlag folgen | **Öffnungszeiten** möglichst vor dem Besuch unter Tel. 0660/3533531 anmelden, Do Mittagstisch, Fr ganztägig warme Küche von Georg Friedl: Tel. 0699/19991988 | **Tipp** Vom Weingarten aus hat man zwar einen schönen Blick auf Urfahr, noch schöner ist er aber von der nahen Giselawarte, die man über die Kirchschlager Bezirksstraße, Riedl und Kammerschlag erreicht.

45 Der Kräutergarten

Hexenkraut aus Pfarrers Garten

Den Titel »Größter Heilkräutergarten Österreichs« hätten wohl viele gern – aber nur wer mehr als 1.000 Heilpflanzen auf 7.800 Quadratmetern anbaut, kann dem Kräutergarten von Klaffer diesen Rang ablaufen. Ehrgeizige seien gewarnt: Ein solches Vorhaben braucht einen langen Atem. Bereits 1970 hat der Klaffegger Pfarrer Norbert, der 20 Jahre zuvor durch Heublumenwickel von Polyarthritis geheilt worden war und sich daraufhin in die Heilkräuterkunde vertiefte, mit den Arbeiten an seinem Kräutergarten begonnen. 1980 wurde dieser schließlich eingeweiht.

Heute verwaltet ein Verein das Vermächtnis Pfarrer Norberts, und das mustergültig. Ein sommerlicher Spaziergang durch den in verschiedene Bereiche wie Bauerngarten, Alpinum oder Heidelandschaft eingeteilten Garten ist so lehrreich wie erfrischend. Am interessantesten ist dabei natürlich der Hexengarten, in dem es laut Beschilderung auch um »Liebeszauber« geht. Liebstöckel passt da natürlich schon vom Namen her dazu – was hingegen eine Pflanze namens »Stinkender Storchschnabel« im selben Beet zu suchen hat, verschweigen die erklärenden Tafeln. Dafür erfährt man Wissenswertes über Bereiche, denen viele Gärtner eben nicht das größte Augenmerk widmen: Hecken oder Blumenwiesen, die dem weit verbreiteten Drang, alles ordentlich und gepflegt aussehen zu lassen, viel zu oft zum Opfer fallen. Dabei sind sie Lebensadern der Landschaft, die Blindschleichen, Igeln, Schmetterlingen, Mauswieseln, Rotkehlchen oder auch den 400 Wildbienenarten, die in Österreich vorkommen, den nötigen Lebensraum bieten.

Man hat aber auch selbst etwas davon, wenn man die eine oder andere Brennnessel im Garten stehen lässt. Das zeigt die Rezeptebroschüre, die man hier auch erwerben kann. Durch einen schnellen Backteig gezogen, werden die Blätter des vermeintlichen Unkrauts zu knusprigen Chips. Immer nur gesund wäre schließlich sogar im Heilkräutergarten zu fad.

Adresse Am Kräutergarten 1, 4163 Klaffer am Hochficht | Anfahrt über die Dreisesselbergstraße von Ulrichsberg Richtung Schwarzenberg, Kräutergarten links nach der Ortseinfahrt neben der Kirche | Öffnungszeiten Mai–Okt. Di–Sa 9–17 Uhr, Führungen nach Voranmeldung unter Tel. 07228/6419 | Tipp Im ehemaligen Holzlager einer bis in die 1960er Jahre betriebenen Wagnerei befindet sich heute das Mühlviertler Wagnereimuseum. Es kann nach Vereinbarung mit Anneliese Steininger besichtigt werden (Tel. 07288/7047).

46 Die Resilacke

Badefreuden für Granit-Gourmets

Steinbrecher und Weinbeißer verwenden eine ganz ähnliche Sprache, wenn sie sich über ihr Lieblingsthema unterhalten. »Weißgrauer bis cremeweißer Feldspat mit mittelgrauen bis hellbraungrauen transparenten Quarzkörnern« klingt ein wenig nach einer Degustationsnotiz, beschreibt aber den Granit, der seit Jahrhunderten im Gebiet zwischen St. Martin und Kleinzell abgebaut wird. Fachleute schwärmen von den regelmäßig verteilten Biotitkristallen, die der Laie – freilich nur einer, der sich auskennt – Dunkelglimmer nennt. Winzige, silbrig schimmernde Schüppchen von Muscovit – vulgo: Hellglimmer – zeichnen den Stein ebenfalls aus. Es handelt sich um einen sehr ebenmäßigen Granit ohne störende Biotitnester, der relativ hell ist und eine nicht zu dichte Klüftung aufweist. Man meint sogar, den Geruch des Steins in der Nase zu spüren, vertieft man sich in die Beschreibung.

Wie bei den edlen Tropfen kommt es auch bei den harten Brocken nicht nur auf die Sorte an, sondern auch auf die Lage. Und so wie mancher Weinkenner seinen Lieblingswinzer beim Vornamen nennt, so weiß auch der Gesteinsexperte, dass der Tonibruch einfach einer der besten ist und man dort Rohblöcke von bis zu 14 Meter Länge abbauen kann. Besser gesagt: konnte, denn der Tonibruch wurde mittlerweile stillgelegt. So wie auch der Theresienbruch gleich daneben, auch eine Spitzenlage. 100 Arbeiter schufteten hier für die Resi, wie alle die Besitzerin nannten. 1974 wurde der Bruch aufgelassen und füllte sich mit aufsteigendem Grundwasser, das nun 20 Meter tief ist. So verwandelte sich der Natursteinbruch zum Naturbadesee, und zwar zu einem der schönsten weit und breit. Wie eine Arena ist er umgeben von senkrechten Felswänden, an denen manche durch kühne Sprünge in die Tiefe ihren Mut unter Beweis stellen. Ein Name war natürlich rasch gefunden: Aus dem Theresienbruch wurde die Resilacke.

Adresse Alkoven, 4115 Kleinzell | **Anfahrt** südöstlich von Kleinzell, vom Zentrum aus zu Fuß oder über die Straße Alkoven zu erreichen, kleiner Parkplatz vorhanden | **Tipp** Sollte es bei der Resilacke einmal zu voll sein, findet man zwar keine Abkühlung, aber Ruhe bei der Wallfahrtskirche Maria Ramersberg westlich von Kleinzell, einen etwa 20-minütigen Fußweg vom letzten Bauernhof an der gleichnamigen Straße entfernt.

47 Das Langackerhäusl

Design aus Papier vom Mühlviertler Einschichthof

Es gibt nur eine einzige falsche Frage, die man hier stellen kann. Sie lautet: »Und was ist, wenn es regnet?« Der Schmuck und die Taschen, die Ralf und Edward produzieren, sind nämlich aus Papier. Aber nicht nur, sondern aus einer Papier-Latex-Mischung, und da ist Feuchtigkeit überhaupt kein Thema. Auch wenn das viele Leute, die die Objekte zum ersten Mal in die Hand nehmen, kaum glauben können. Dafür ist das Material leicht und belastbar, liegt gut in der Hand und lässt sich in alle nur denkbaren Formen bringen. Nachhaltig ist es auch: Die beiden Designer verarbeiten auf ihrem Bauernhof nur handgeschöpftes Recycling-Papier.

Geplant war das alles nicht. Die beiden haben zuerst in Paris, dann zehn Jahre in Los Angeles als Kostümschneider, Grafikdesigner und Produktstylisten gearbeitet. Eine großartige, aber auch anstrengende Zeit. Die Sehnsucht nach Ruhe führte sie 2009 ins Mühlviertel. Und mehr Ruhe geht gar nicht: Das Langackerhäusl ist ein alter Einschichthof weitab von der befestigten Straße, den man nur nach einem kurzen Fußmarsch oder mit dem Geländewagen erreichen kann. Es ist umgeben von Wiesen und Wald und sieht von außen nicht anders aus als in seinem Baujahr 1885.

Nach dem Umzug war es allerdings voller Kartons. Sollten sie die einfach wegwerfen? Oder könnte man vielleicht etwas draus machen? Ralf und Edward konnten. Ihre Designobjekte aus Papier verkauften sie zunächst auf Christkindlmärkten, inzwischen bekommt man sie auf Kunst- und Designmessen oder im Museum für Angewandte Kunst in Wien. Das Haus und seine Umgebung sind untrennbar mit dem Schaffensprozess der beiden Designer verbunden, »Langackerhäusl« wurde zu ihrem Markennamen. Das liebe- und stilvoll renovierte alte Bauernhaus, dessen Wirtschaftsräume und Ställe zu Ateliers wurden, hat seine Seele behalten. In der guten Stube tickt im Eck eine Pendeluhr aus Papier.

Adresse Raschau 8, 4154 Kollerschlag | **Anfahrt** über die B38 nach Kollerschlag, dort in südlicher Richtung in die Linzerstraße, rechts in den Ameisbergweg und wieder rechts nach Raidern einbiegen, das Auto nach einem kurzen Waldstück beim Briefkasten stehen lassen und die Forststraße entlang zu Fuß weitergehen | **Öffnungszeiten** Besuch nach Voranmeldung unter Tel. 07287/84009 möglich, Infos unter www.langackerhaeusl.at | **Tipp** Hervorragende Milchprodukte und Fleisch von der Ziege gibt es bei Familie Saxinger am Höhenweg 11 (Tel. 0680/2175037).

48 Das Kaolinum

Wenn Granit zerbröselt

Es steckt in Steingut und Porzellan, in Autoreifen, Papier und Isolatoren, in Pflanzenschutzmitteln und in manchem Anti-Pickel-Stift: Kaolin. Und doch haben die meisten noch nie etwas von diesem bröseligen weißen Gestein gehört, das nach dem chinesischen Ort »Gaoling« benannt ist. Der exotische Name hat seine Berechtigung, schließlich wird das auch als Weißton, Passauer Erde oder Porzellanerde bekannte Schichtsilikat mit seiner charakteristischen, an Buchseiten erinnernden Struktur bereits seit dem 2. Jahrhundert unserer Zeitrechnung zur Papierproduktion verwendet – in China.

Kaolin ist längst auch bei uns ein wichtiges Füll- und Bleichmaterial. Es entsteht, wenn Feldspat unter einer Humusschicht verwittert. Und da Feldspat bekanntlich zu den Bestandteilen von Granit zählt, ist es kaum verwunderlich, dass Kaolin auch im Mühlviertel vorkommt. Im kleinen Ort Kriechbaum wird es seit 150 Jahren abgebaut – das österreichische Vorkommen gilt als sechstgrößtes der Welt. 45 Meter mächtig, etwa 1.300 Meter lang und 400 Meter breit war die Lagerstätte einmal. In Zweierteams sprengten und bohrten sich hier einst bis zu 200 Bergmänner durch den Kaolinit-Hügel. Sie arbeiteten auf drei Etagen und einer gesamten Stollenlänge von sechs Kilometern, in totaler Finsternis, bei einer konstanten Temperatur von elf bis zwölf Grad Celsius und unter hoher Radon-Belastung. Übelkeit war die häufigste Begleiterscheinung. Der Hügel, in dem sie schufteten, ist längst abgetragen. Heute beschäftigt die Österreichische Kaolin- und Montanindustrie AG, kurz Kamig, nur noch 30 Arbeiter in Kriechbaum. Angesichts des zur Neige gehenden Vorkommens richtete man im Jahr 2012 ein Museum ein, in dem auch einer der alten Stollen nachgebaut wurde.

Noch gibt es dieses wenig bekannte Museum für ein so gut wie unsichtbares Material, das bald verschwunden sein wird. Ein Hauch Vergänglichkeit liegt aber in der Luft.

Adresse Kriechbaum 7, 4284 Allerheiligen im Mühlkreis, www.kaolinum.at | Anfahrt von Bad Zell über die B124 in Richtung Pregarten, in Tragwein Richtung Schwertberg, den Schildern folgen | Öffnungszeiten Mai–Okt. Sa, So, Feiertage 14–17 Uhr, Voranmeldung für Gruppen außerhalb der Öffnungszeiten unter Tel. 0699/17373939 | Tipp Für Kinder ist der Hochseilgarten beim Kaolinum ein Must-see, für Eltern lohnt sich eher ein Besuch im Hofladen des Mosthofs Pankrazhofer (Lugendorf 7).

49 Die Himmelsstiege

Auf der Suche nach Druiden und Seppen

Endlich einmal etwas anderes! Dem Teufel begegnet man im Mühlviertel schließlich ständig, und die satanischen Sagen, die sich um die vielen markanten, durch Wollsackverwitterung entstandenen Felsformationen und Schalensteine ranken, sind zahllos. Immerhin verliert der Teufel meistens, und diejenigen, die er gelegentlich zu Stein werden lässt oder gleich in die Hölle mitnimmt, haben es in der Regel eh verdient. Dennoch freut man sich über die Abwechslung, die eine kleine Wanderung in der Nähe von Lamm bei Neumarkt im Mühlkreis verspricht. Dort geht es zur Abwechslung nicht um Teuflisches, sondern in die Gegenrichtung: Man kann die »Himmelsstiege« erklimmen.

Ein markierter Fußweg führt vom Haus Lamm 14 in Richtung Himmel – Vorsicht nur bei einer Abzweigung, die am Waldrand nach knapp 15 Minuten rechts von der Fahrstraße wegführt, die Markierung ist dort schlecht zu sehen. Bald erreicht man die erste Stufe der Himmelsstiege: einen gewaltigen, 30 Meter abfallenden Felsen mit Gipfelkreuz und schöner Aussicht nach Neumarkt. Ein paar hundert Meter weiter nach Westen folgt »Stufe« Nummer zwei, vier weitere erklären den Namen Himmelsstiege. Bei der zweiten zeugen Bohrlöcher und Mauerreste von einer notdürftigen Behausung, die sich an dieser Stelle einmal befand. Ein Mann namens »Steinmetz-Sepp« lebte hier als Einsiedler und fertigte allerlei Gegenstände aus den umherliegenden Granitbrocken an. »Seppenlucka« nennen Einheimische den Unterschlupf, doch nebenan könnte auch ein Zyklop gewohnt haben, sehen doch auch die Natursteine wie künstlich von Riesenhand ineinandergefügt aus.

Die Felsen des Mühlviertels im Allgemeinen und die des Kirchbergs im Besonderen regen die Phantasie vieler Menschen an, die in ihnen keltische oder noch ältere Kraft- und Kultplätze erkennen wollen. Warum auch nicht? Man kann sie aber auch einfach so schön finden.

Adresse Lamm 14, 4212 Lamm | Anfahrt von Neumarkt über Zissingdorf | Tipp Ein geduldiges Pferd musste einst im Obergeschoss des Presshauses der Familie Miesenberger in Neumarkt seine Runden drehen, um die schwere Mostpresse anzutreiben. Heute ist der Raum im schönen Steinbloß-Haus in Trosselsdorf 9 ein Museum, in dem historische Gerätschaften der Mostherstellung präsentiert werden – und einen Mostheurigen gibt es auch.

50 Der Bergkäse

Es muss nicht immer Bregenzerwälder sein

Die Straße nach Bad Leonfelden führt in großem Bogen um Langzwettl herum. Es lohnt sich aber, in Zwettl von der Hauptstrecke abzubiegen und den direkten Weg nach Norden zu nehmen. Dann erreicht man Langzwettl, ein Paradebeispiel für ein sogenanntes Waldhufendorf. Bei dieser Siedlungsform wurde in einem Waldstück zunächst eine zentrale Achse angelegt, an der man dann die Höfe (»Hufen«) baute. Von diesen ausgehend wurde gerodet. Die Grundstücke derart angelegter Dörfer sind oft nur wenige Meter breit, dafür mehrere Kilometer lang.

Es ist aber nicht nur die Siedlungsstruktur, die einem in Langzwettl auffällt, sondern vor allem die Schönheit des Dorfes. In den 1990er Jahren wurden im Rahmen eines Dorferneuerungsprozesses viele der unter Putz versteckten Steinbloß-Fassaden freigelegt und saniert. Hinter den mustergültig mühlviertlerischen Mauern ist man offen für Neues: Die Langzwettler Bauern experimentieren mit alten Getreidesorten, schottischen Hochlandrindern oder Merinoschafen, die Hälfte der Betriebe sind Bio-Landwirte. Und auch eine Käserei gibt es. »Mein Onkel Manfred hat das Käsemachen im Bregenzerwald gelernt, ganz urig mit dem Kochtopf auf der Herdplatte«, erzählt Michael Mauereder, einer der drei Bauern, die gemeinsam die Langzwettler »Käsedrei« betreiben. Zurück in Langzwettl produzieren Michael, Manfred und sein Sohn Matthias nach wie vor Vorarlberger Bergkäse – nur eben mit Mühlviertler Milch. Die stammt mittlerweile vom Nachbarhof. Die »Käsedrei« haben seit 2015 keine Kühe mehr, sondern Ziegen. 150 Ziegen, die je 3,5 Liter Milch pro Tag geben, wohlgemerkt.

Einen großen Teil liefern sie an die Käserei des Stifts Schlierbach. An die 20.000 Liter im Jahr verarbeiten sie selbst zu Topfen, Frischkäse und gereiftem Hartkäse. Auch dieser scheut den Vergleich mit prominenten Vorbildern nicht: Die Langzwettler nennen ihn selbstbewusst »Zwettlorino«.

Adresse Langzwettl 22, 4180 Zwettl an der Rodl | Anfahrt nach Zwettl über die B126, Salzstraße nach Langzwettl zweigt kurz nach der Kirche links von der Bundesstraße ab | Öffnungszeiten Selbstbedienungsladen jederzeit zugänglich, weitere Informationen unter Tel. 0677/62052868 | Tipp Per Selbstbedienung funktioniert nicht nur die Langzwettler Käserei, sondern auch das sehenswerte Zwettler Bienenmuseum im Obermühlweg 2, an dem man unterwegs vorbeikommt.

51 Das hohe Haus

Wir haben Fragen!

Eine »Hoh Haus« genannte Holzburg gab es hier schon im frühen Mittelalter. Sie wurde aufgegeben, als eine stabilere Burg im nahen Lasberg besseren Schutz bot, und verfiel. Aus dem ehemaligen Burgberg wurde im Lauf der Jahrhunderte der Buchberg, und es braucht einen archäologisch geschulten Blick, um heute noch Reste der mittelalterlichen Befestigungsanlage zu erkennen.

Dafür steht mittlerweile wieder ein hölzernes »Hoh Haus« auf dem Gipfel. Als der Sender, der die Stelle der alten Holzburg einige Jahre lang eingenommen hatte, abgetragen war, entschied man sich in Lasberg dafür, eine an die alte Burg erinnernde Aussichtswarte aus Holz zu errichten. 2011 wurde sie eingeweiht. Während der kurzen Wanderung von Lasberg hinauf zur Aussichtswarte wird einem bewusst, dass sowohl die mittelalterliche als auch die neue Holzburg nur kurze Episoden in der viele Jahrtausende alten Geschichte dieses Berges darstellen. Hier wurden nicht nur zahlreiche Spuren des mittelalterlichen Lebens, sondern auch Artefakte aus der Jungsteinzeit gefunden. Ein Schalenstein etwas unterhalb des Gipfels gibt Rätsel auf. Wozu hat man damals eine Rinne in den Fels gemeißelt? Wurden Opfer dargebracht, deren Blut abfließen sollte, wie viele vermuten? Woher kommt eigentlich dieses offenbar in allen Kulturen vorhandene Bedürfnis, Gottheiten Opfer darbringen zu müssen? Und wenn wir schon bei religiösen Fragen sind: Ist dieser Fels mit dem engen Spalt unterhalb des Gipfels nicht womöglich auch ein Durchschlupfstein? Antworten auf diese und all die weiteren Fragen, die einem auf dem Buchberg kommen können, findet man freilich nicht. Dafür eine Ausstellung mit Fundstücken und Kunstwerken, die rund um die neue Aussichtswarte die Geschichte des Berges aufgreifen und zum weiteren Nachdenken anregen sollen. »Es schwebt ein Mythos über diesen Felsen« steht auf einer Tafel am Wegrand. Dem kann man nur zustimmen.

Adresse 4291 Lasberg | ÖPNV Bus 332 ab Busterminal Stifterplatz in Freistadt (14 Minuten Fahrzeit) | Anfahrt über die B125, in Richtung Galgenau abbiegen und nach Lasberg, dort zu Fuß auf gut beschildertem Wanderweg vom Marktplatz in etwa 45 Minuten auf den Buchberg | Tipp Drei alte Schmieden können in Lasberg heute noch besichtigt werden. Die alte Marktschmiede zählt mit dem Pfarrhof zu den letzten Resten der Lasberger Burg und ist im Originalzustand erhalten. Sie ist nach Voranmeldung zu besichtigen (Tel. 07947/725513).

52 Die Hofkäserei

Große Käse-Oper aus dem Mühlviertel

Wie verheißungsvoll das Märchen vom Schlaraffenland einmal geklungen hat! Doch wie so oft entpuppt sich das Sehnsuchtsziel, hat man es einmal erreicht, als gar nicht mehr so großartig. Die Milchseen und Butterberge wollte man jedenfalls lieber wieder trockenlegen und abschmelzen. 1984 wurden Milchkontingente eingeführt, um die Überproduktion einzudämmen und faire Preise für die Bauern zu garantieren.

Die Umstellung war nicht für alle einfach. Auch die Kühe von Helga und Josef Rein, die gerade ihren Bauernhof übernommen und auf »Bio« umgestellt hatten, gaben zu viel Milch. Sie beschlossen, den Überschuss nicht wegzuschütten, sondern zu verarbeiten. Und zwar zu Bio-Heumilchkäse, auch wenn es diese Bezeichnung noch gar nicht gab, als sie im Jahr 1988 ihre Käserei gründeten. Sie steht für besondere Qualität: Milch von artgerecht ernährten Kühen, die noch am Hof verarbeitet wird. Wobei Helga Rein, wenn sie über ihren Hof, ihre Kühe und ihren Käse spricht, am liebsten das Wort »normal« verwendet. Dass Kühe Gras fressen und kein Getreide, dass sie möglichst viel auf der Weide sind und nicht im Stall, dass man penibel auf die Hygiene achtet, wenn der Käse gut sein soll – das alles dürfte doch eigentlich nichts Ungewöhnliches sein! Das ständige Streben nach noch mehr, das Maximieren der Milchleistung, das Züchten entsprechender Turbokühe – das findet sie auf jeden Fall abnormal. Fast scheint es ihr unangenehm zu sein, dass die Kunden ihren am längsten gereiften Bergkäse »Reingold« nannten, aber der Name war natürlich zu gut, um ihn nicht beizubehalten. Bei allem Können und allem Stolz, die in ihrem Käse stecken – ob Reingold, Hügelgraf, Mühltaler oder eben Bauernstolz –, darf er eines nicht werden: ein teurer Gaumenkitzel für abgehobene Gourmets: »Die Leute sollen sich den Käse leisten können.« Genau die richtige Dosis Schlaraffenland für alle.

Adresse Feichten 4, 4132 Lembach im Mühlkreis | **Anfahrt** über die B127 zum Kreisverkehr nördlich von Altenfelden, dort die Tannberg Bundesstraße nehmen und der Beschilderung nach Lembach folgen, dann links nach Feichten abbiegen | **Öffnungszeiten** Mi–Sa 8–14 Uhr oder nach Vereinbarung unter Tel. 07286/8319 | **Tipp** Im Zentrum von Lembach fallen viele gut erhaltene Bürgerhäuser auf – das schönste davon ist das empfehlenswerte Bio-Gasthaus Haderer am Marktplatz 12.

53 Neu-Maria Schnee

Geteiltes Leid, doppelte Kirche

Was nimmt man mit, wenn man plötzlich weggehen muss, und zwar für immer? Was muss man zurücklassen? Das Glück, sich diese Fragen nicht stellen zu müssen, ist gar nicht so selbstverständlich. Das Heimweh, das Vertriebene ein Leben lang nicht loswerden, kennt unzählige Schattierungen.

Linderung verschafft die Gemeinschaft, wenn man Erinnerungen austauschen und die Vergangenheit beim gemeinsamen Feiern aufleben lassen kann. Das wussten auch die Brüder Johann und Josef Sturany aus dem ehemaligen Reichenau an der Maltsch, heute Rychnov nad Malší. Ihr Heimatort ist berühmt für seine Wallfahrtskirche Maria Schnee beim Heiligen Stein: Auf einem ungewöhnlich geformten Granitblock soll sich einst die Gottesmutter ausgeruht haben, auch eine wundertätige Quelle entspringt dort. 1653 ließ eine Krumauer Äbtissin eine Kapelle über dem Heiligen Stein errichten, 1701 wurde diese angesichts des großen Andrangs von Pilgern zur Kirche ausgebaut. Sie wurde nach dem Zweiten Weltkrieg zum Schafstall, ihr Turm zum Wachturm umfunktioniert.

Von einem Hügel bei Leopoldschlag aus konnte man sie wenigstens sehen. Auf dem Hiltscherberg ließen die Brüder Sturany in den 1970er Jahren einen Stein aufstellen, der an das spirituelle Zentrum der verlorenen Heimat erinnerte. Er wurde zum Treffpunkt für die vertriebenen Böhmerwäldler, die zuerst eine Kapelle über dem Stein errichteten, 1983 dann eine Kirche. An jedem 15. August treffen sich dort die Familien der Vertriebenen zur Wallfahrt, mit Blickkontakt zur alten Kirche. Nach dem Fall des Eisernen Vorhangs übernahmen sie den Löwenanteil bei der Renovierung der schwer in Mitleidenschaft gezogenen Kirche von Alt-Maria Schnee. Auch dorthin können jetzt wieder Wallfahrten veranstaltet werden. Neu-Maria Schnee ist dennoch nicht überflüssig geworden – statt einer Marienwallfahrt im August gibt es jetzt eben zwei.

Adresse Hiltschen, 4262 Leopoldschlag | **Anfahrt** unmittelbar an der B310 zwischen Leopoldschlag und Wullowitz | **Öffnungszeiten** nur von außen zu besichtigen, Informationen bei Herrn Sturany unter Tel. 0664/6159848 | **Tipp** In Leopoldschlag lohnt das alte Hafnerhaus den Besuch. Die Brennkammer aus dem 18. Jahrhundert dient heute als Ausstellungsraum, auch im Obergeschoss gibt es immer wieder sehenswerte Ausstellungen, außerdem Töpferkurse für Jung und Alt (www.hafnerhaus.at).

54 Das Hochmoor

Der Mensch und das Moor

Das Tannermoor ist Oberösterreichs größtes Hochmoor. Ein einfacher Satz, der doch zu Missverständnissen führt. Zum einen gibt es dort gar keine Tannen. Der Name kommt vom keltischen Wort »dunon«, was so viel wie »kleine Siedlung« oder »Fluchtburg« bedeutet und womöglich die Sage erklärt, einst sei eine blühende Stadt im Tannermoor versunken.

Und dann ist da noch das Wort »Hochmoor«. Das hat nichts mit der Höhe über dem Meeresspiegel zu tun, wie manche vermuten. Es heißt so, weil es in die Höhe wächst. Im Lauf der Jahrtausende bildet ein Feuchtgebiet immer mehr Torf und wölbt sich dadurch nach oben. Irgendwann kann es nicht mehr vom Grund-, sondern nur noch vom Regenwasser feucht gehalten werden, wird nährstoffärmer und saurer. Nur noch eine hochspezialisierte, an extreme Bedingungen angepasste Tier- und Pflanzengesellschaft überlebt in dieser Todeszone. Diese ist ein kostbares Archiv: Was ins Moor fällt, wird konserviert. Anhand uralter Pollen erforschen Wissenschaftler, was hier wann geblüht hat. Bekanntlich findet man mancherorts auch gut erhaltene Moorleichen. Eine solche hat man bisher noch nicht aus dem Tannermoor gezogen, und das soll so bleiben. Ist man auf dem federnden Grund des Moorlehrpfads unterwegs, bemerkt man alle paar Schritte nummerierte Pfosten. Sie erleichtern die Standortbestimmung, sollte jemand tatsächlich einmal stecken bleiben. Ein unheimlicher Gedanke in einer Landschaft, die an einsamen Tagen so still ist, dass man nur das tiefbraune Wasser in den kleinen Gräben gluckern hört. Genau hier gibt es ein Problem: Jahrzehntelang hat man Entwässerungskanäle gegraben, um das vermeintlich unnütze Feuchtgebiet trockenzulegen. Mittlerweile werden diese wieder zugeschüttet. Wir wissen heute, dass Moore nicht nur extreme Lebensräume darstellen, sondern auch extrem wichtig für unser Klima sind: Es handelt sich um die effektivsten CO_2-Speicher des Planeten.

Adresse 4252 Liebenau | **Anfahrt** über die Mühlkreisautobahn und die B124/Königswiesener Straße nach Bad Zell, von dort über die Schöner Straße und die Riedmark Landesstraße den Wegweisern in Richtung Liebenau/Tannermoor folgen, Beginn des Moorlehrpfads beim Rubener Teich | **Öffnungszeiten** ganzjährig, Führungen auf Anfrage bei Josefa Kaufmann unter Tel. 0676/814283469 | **Tipp** Sagenumwoben ist auch die Jankusmauer, eine Felsformation bei Liebenstein. Auch dort soll eine Kirche vom Erdboden verschluckt worden sein, zwei Schalensteine dienen seither dem Teufel als Suppenschüsseln.

55 Das Zündapp-Museum

Wie der Phönix aus dem Schrotte

Bereits die erste Ausfahrt war eine zu viel. Der leidenschaftliche Bastler Erich Fragner hatte mit gerade einmal 20 Jahren probeweise ein Zündapp-Motorrad aus alten Teilen zusammengebaut und wollte sein Werk nun testen. »Zündapp«, das steht für »Zünder-Apparatebau«, eine legendäre Motorradmarke aus Nürnberg, die 1984 Insolvenz anmelden musste. Nach der Jungfernfahrt mit der wiederauferstandenen Maschine aus den 1930er Jahren wusste Erich Fragner: Bei dieser einen Zündapp würde es nicht bleiben. Er wollte sie alle in der Garage stehen haben. Zumindest alle Viertakter.

Was wie ein typischer Sammlertraum klingt, erwies sich rasch als unmöglich. Sammeln kann man schließlich nur, was vorhanden ist. Von manchen Zündapp-Modellen gab es jedoch kein einziges Exemplar mehr. Der junge Spengler und Dachdecker, der schon als Volksschüler am liebsten an Mopeds herumgeschraubt hatte, ließ sich nicht abschrecken. Wenigstens Einzelteile müssten doch zu bekommen sein. Er knüpfte ein Netzwerk von Sammlern und Händlern, sammelte geduldig Schraube für Schraube und recherchierte, wo er diesen Kotflügel oder jenen Rahmen noch finden könnte. Mit Erfolg: Erich Fragners Privatmuseum in Linden ist heute die einzige vollständige Sammlung von Zündapp-Viertaktern weltweit und darüber hinaus eine kuriose Sammlung von alten Puch-Maschinen, allerlei vierrädrigen Oldtimern, aber auch Uhren, Staubsaugern und fahrbaren Kreissägen. Alle strahlen sie wie frisch vom Förderband gelaufen, und selbstverständlich ist jedes einzelne der 176 Motorräder in fahrtauglichem Zustand.

Welche Arbeit hinter den glänzenden Karosserien steckt, sieht man im Keller des Museums: Für den Laien liegen dort Dutzende kleine Schrotthaufen über den Boden verstreut, der Kenner hingegen weiß, welches edle Gefährt hier seiner Wiederauferstehung harrt. Denn das Ganze ist bekanntlich mehr als die Summe seiner Teile.

Adresse Linden 9, 4273 St. Georgen am Walde | **Anfahrt** über die B119/Greiner Straße, unmittelbar nördlich von St. Georgen am Walde | **Öffnungszeiten** nach Voranmeldung unter Tel. 0688/8676631 | **Tipp** Wer sich eher für vierrädrige Oldtimer interessiert, kommt im Oldtimermuseum des Autohauses Ambros in Neudorf 39 in Pabneukirchen auf seine Rechnung (www.autohaus-ambros.at).

56 Das Apothekermuseum

Der lange Weg vom Heilkult zur Heilkunst

Coca- und Pepsi-Cola, Tesafilm, Backpulver, Labello, Uhu Alleskleber, Nivea-Creme, Leukoplast, Fisherman's Friends, Plastilin, Suppenwürfel, Raufaser-Tapeten, Streichhölzer – höchst unterschiedliche Dinge, die doch eine Gemeinsamkeit haben: Sie wurden von Apothekern erfunden.

Die Geschichte und die Besonderheiten dieses für uns heute so selbstverständlichen Berufs zeichnet Österreichs einziges Apothekermuseum in Schloss Pragstein nach. Das antike Wissen über Heilkunst und Arzneimittel wurde wie so vieles durch klösterliche Schreibstuben, vor allem aber durch Übersetzungen ins Arabische tradiert und weiterentwickelt. In Städten wie Bagdad lösten sich schon im 7. und 8. Jahrhundert der Arzt- und der Apothekerberuf voneinander, in Europa wurden Jahrhunderte später Städte wie Toledo, Salerno oder Montpellier zu Zentren der Heilkunst, in denen arabische Schriften gelesen und übersetzt wurden. In Mitteleuropa schuf erst Maria Theresias Leibarzt Gerard van Swieten im Jahr 1770 durch ein »Sanitätshauptnormativ« klare und einheitliche Richtlinien für das Apothekenwesen in den habsburgischen Erblanden. Auch die Ausbildung der Apotheker wurde nun geregelt: Sie dauerte ein Jahr und endete mit Prüfung und Eid. Ab 1853 gab es ein eigenes Magisterstudium der Pharmazie in Österreich.

Ein nachgebautes Labor, prachtvolle alte Bände und geheimnisvoll aussehende Gerätschaften aus vergangenen Jahrhunderten lassen das Mauthausener Museum nicht zu einem Ort trockener Geschichtsvermittlung werden. Spannend ist auch die Karriere mancher Medikamente und Drogen, wie etwa des Aspirins, das seinen Namen von der Pflanze Mädesüß – lateinisch »spirea« – hat, oder allerlei antiker und mittelalterlicher Brech- und Mordmittel. Und wer wusste schon, dass auch Heroin einst in Apotheken verkauft wurde? Oral eingenommen galt es als besonders wirksames Medikament gegen Husten.

Adresse Schlossgasse 1, 4310 Mauthausen | **ÖPNV** mit dem Zug über St. Valentin, von dort den Zug in Richtung St. Nikola/Struden nehmen, Museum gegenüber dem Ortszentrum direkt an der Donau | **Anfahrt** über die B3 nach St. Valentin, von dort in Richtung St. Nikola/Struden nach Mauthausen | **Öffnungszeiten** Mai–Okt. Sa, So 14–17 Uhr, Führungen nach Voranmeldung unter Tel. 0681/10851815 | **Tipp** Auch der Besuch im Heimatmuseum lohnt sich sehr. Gerade in Mauthausen ist der Begriff »Heimat« belastet, hier wird er in Kooperation mit dem südböhmischen Prachatice neu gedacht.

57_Der Altarm

Mühlviertler Brückenkopf am rechten Donauufer

Das Mühlviertel ist die Rive Gauche Oberösterreichs, der Teil des Bundeslandes am linken, nördlichen Ufer der Donau. Doch keine Regel ohne Ausnahme: Bei Mitterkirchen zählen auch einige Kilometer des südlichen Donauufers zum Mühlviertel – obwohl dort eigentlich das Mostviertel sein sollte, also bereits Niederösterreich. Doch kein Grund, am Geografieunterricht zu zweifeln. Die jahrhundertealte Grenze zwischen den beiden Bundesländern, die seit jeher in der Mitte der Donau lag, wurde keineswegs mutwillig verschoben – vielmehr war es der Strom, der ein neues Bett bekam. Dieses wurde zwischen 1965 und 1968 beim Bau des Kraftwerks Wallsee-Mitterkirchen gegraben. Man ging dabei ähnlich vor wie 1876 in Wien, als die zuvor zwar schöne, aber eben auch ziemlich wilde blaue Donau ein für alle Mal in ein schnurgerades Bett gezwängt wurde: Man grub ein neues Becken und leitete danach den Fluss hinein. Auch bei Mitterkirchen wurde bei der Gelegenheit eine gefährliche Kurve begradigt.

Das neue Donaubett stellte eine Reihe an Rekorden auf: Die zehn Millionen Kubikmeter Erde, die man damals wegschaufelte, waren die bis dahin größte Erdbewegung Österreichs. Die Baustelle galt auch als größte geschlossene Baustelle des Landes, 2.700 Menschen verarbeiteten dort unter anderem 950.000 Tonnen Beton.

Weniger spektakulär, doch nicht weniger interessant als die Rekordbaustelle ist die alte Landesgrenze, der nunmehrige Altarm südlich des zur Insel gewordenen Stücks Mühlviertel. Das ruhende Gewässer ist ein wertvolles Laichgebiet für zahlreiche Fischarten und ein beliebtes Erholungsgebiet für die Menschen der Umgebung. Ein Spazierweg über die Bundesländergrenzen hinweg führt in einer etwa acht Kilometer langen Runde am Ufer entlang. Ein paar hundert Meter weiter östlich gehört übrigens ein Stück nördliches Donauufer zum Mostviertel. Aber das ist viel kleiner.

Adresse Donau-Altarm-Rundwanderweg, Hüttinger Straße, 3313 Wallsee | **Anfahrt** über die B3, Baumgartenberg und Mitterkirchen, nach der per Ampel geregelten Überfahrt über die »neue« Donau zum Parkplatz, von dort zu Fuß weiter zum Rundwanderweg | **Tipp** Auf dem Weg nach Mitterkirchen kommt man am Denkmal für Hütting vorbei – der 1155 bereits urkundlich erwähnte Ort wurde bei der Errichtung des neuen Hochwasserschutzes geschleift. Auch an Eizendorf weiter östlich in Richtung Saxen erinnert nur noch ein Denkmal, an Mettensdorf auf halbem Weg eine Brücke, die ins Nirgendwo führt.

58 Der Lehrpfad

Ich seh, ich seh, was du nicht mehr siehst

Was man wohl sieht, wenn man auf der Plattform des kleinen Aussichtsturms direkt am Donauufer steht? Eine ganze Menge. Die größte Fischaufstiegshilfe Österreichs zum Beispiel, außerdem Auwälder, Radfahrer, mit etwas Glück auch den Ötscher. Was man mit Sicherheit nicht übersieht: die Donau natürlich, die hier in ihrem autobahnartigen Bett vorbeiströmt, nicht eben romantisch, aber mächtig.

Auch wenn man es heute kaum glauben kann, das war früher einmal nicht so. Der Abflussbereich der ständig über ihre Ufer tretenden Donau war dreimal so breit wie heute. Er war derart von Mäandern, Nebenarmen, Inseln, Kiesbänken und Auwäldern durchzogen, dass der Hauptstrom der Donau im Bereich von Naarn nicht erkennbar war. Das heute kaum mehr vorstellbare Panorama ist seit ziemlich genau 200 Jahren Geschichte: 1822 begannen erste Arbeiten zur Regulierung der Donau, genau 100 Jahre später folgte ein weiterer großer Donaudurchstich. Die Altarme waren nun vom Hauptstrom getrennt und begannen zu versumpfen. Für die Schifffahrt war die Regulierung ein Segen, für das Ökosystem eine Katastrophe. Heute ist nur noch ein Restbestand der alten Au rund um die Brandllacke erhalten, 1985 wurde dort von der Hauptschule Naarn ein Lehrpfad gestaltet. Als hätte sie beweisen wollen, dass sie es trotz aller Regulierungen noch kann, riss die Donau bei einem Hochwasser 1995 dessen Schautafeln mit sich.

Als 2012 die Gemeinden entlang der Donau mit einem neuen Hochwasserschutz ausgestattet wurden, änderten sich auch die Wege in der Au. 2016 wurde ein neuer, von der Höheren Land- und Forstwirtschaftlichen Schule St. Florian gestalteter Lehrpfad eröffnet. Der schöne und informative Weg führt an der Brandllacke vorbei zum Aussichtsturm. Man kann ja zumindest versuchen, sich den Blick von dort oben zu Zeiten vorzustellen, als man den Strom vor lauter Wasser nicht sehen konnte.

Adresse Ausgangspunkt: Pfarrweg, 4331 Naarn im Machland | Anfahrt unmittelbar südlich von Perg unweit der B3, Parkplätze am Pfarrweg in Naarn | Tipp Naarn gehört zu den ältesten Orten des Mühlviertels und wurde schon zu Beginn des 9. Jahrhunderts urkundlich erwähnt. Auch die heute noch stehende Kirche ist uralt. Ihr romanisches Langhaus stammt aus dem Jahr 1070, bei einer genauen Besichtigung entdeckt man die Spuren zahlreicher Umbauten im Lauf der Jahrhunderte.

59_Der Lemurien-Garten

Fast so schön wie Madagaskar

Wer bei Lemurien an Feuchtnasenaffen oder altrömische Totengeister denkt, liegt hier zwar falsch, hat aber nicht ganz unrecht. Nach den Lemuren, die ausschließlich auf Madagaskar vorkommen, benannte im Jahr 1864 der britische Zoologe Philip Lutley Sclater seine Hypothese eines später wieder auseinandergebrochenen Kontinents, der einmal eine Landbrücke zwischen Indien und Afrika dargestellt haben könnte: Lemuria. Die Theorie vom versunkenen Kontinent stellte sich als falsch heraus, lebt aber in der Esoterikszene und in der Science-Fiction-Literatur weiter.

Und in Natschlag. Dort kaufte der Landschaftsgärtner Josef Reitinger vor über 20 Jahren einen stillgelegten Steinbruch, auf dessen Ruinen unter seiner kundigen Hand bald neues Leben zu blühen begann. Neben dem Kulturzentrum »s'StoaReich« gestaltete Reitinger einen Teil des Areals zu einem Garten um, dem er den Namen der mythenumrankten und phantasieanregenden Landbrücke gab.

Auch Reitingers modernes Lemurien ist eine Brücke, verbindet aber keine Kontinente, sondern Menschen: Der Garten ist als Schau- und Lehrgarten angelegt und dient Gartenfreunden als Treffpunkt. Ob man sich nun von Reitinger in die Geheimnisse des Kompostierens einweihen lässt oder das Sensenmähen erlernt, durch die Heidelandschaft spaziert oder das japanische Beet bewundert, in den Böschungen Wildkräuter sucht oder rund um den Verweilplatz Beeren nascht – man spürt hier auf Schritt und Tritt, dass dieser Garten von jemandem angelegt wurde, der sehr genau weiß, was er tut.

Vor allem der naturbelassen wirkende, aber sehr wohl durchdachte Permakultur-Bereich zeigt anhand von Schautafeln, wie zeitgemäß die scheinbar altmodischen Prinzipien sein können, die hier gelten: »Denk an die Erde – denk an die anderen Menschen – Teile und beschränke dich« steht dort, genauso wie einer der besten Tipps überhaupt: »Nutze Randzonen und schätze das Marginale.«

Adresse Natschlag 19, 4160 Natschlag | **Anfahrt** von Rohrbach über die B127 Richtung Aigen-Schlägl, in Natschlag links abbiegen, den Wegweisern zum »StoaReich« folgen | **Öffnungszeiten** nach Vereinbarung unter Tel. 0681/20662598 oder Tel. 0676/6236888 | **Tipp** Inspirierend ist auch ein Besuch der Stiftergärten des nahen Stifts Schlägl, wo ein 2020 neu angelegter Bereich den Weg ins Paaradies (sic) verspricht.

60 Der Kirchschläger-Steig

Pilgerziel für Politnostalgiker

Der Vergleich macht sicher. Zwei spätere österreichische Bundespräsidenten mussten in einer weltpolitisch bedeutenden Situation rasch handeln: Als im August 1968 sowjetische Truppen den Prager Frühling niederschlugen, weilten Österreichs Bundeskanzler und Bundespräsident gerade auf Urlaub, Handys gab es noch nicht. Tausende Tschechen flohen in diesen Tagen in die österreichische Botschaft oder suchten um ein rettendes Visum für Österreich an. Der Außenminister hieß damals Kurt Waldheim, der Botschafter Rudolf Kirchschläger. Man möge die Schutzsuchenden durch gütliches Zureden zum Verlassen der Botschaft bringen, lautete die Anweisung des Ministers, Visa seien keine auszustellen. Kirchschläger ignorierte das und bewilligte in den folgenden Wochen 50.000 Visa. Über 200.000 Menschen gelang die Flucht nach Österreich.

Als Rudolf Kirchschläger selbst Außenminister wurde, lautete seine erste Dienstanweisung an die Beamten des Hauses: »Handeln Sie in erster Linie menschlich. Entscheidend ist das menschliche Schicksal.« Der ehemalige Richter, Diplomat und Minister wurde 1974 Bundespräsident und zählt zu den bedeutendsten Persönlichkeiten, die dieses Amt je innehatten. Dass ausgerechnet sein engherziger Vorgänger als Außenminister sein Nachfolger als Präsident werden sollte, ist eine böse Ironie der Geschichte.

Negative Gefühle kommen jedoch nicht auf, wenn man die Stationen des Dr.-Rudolf-Kirchschläger-Steigs abwandert, die sein Geburtsort Niederkappel dem bedeutenden Sohn der Gemeinde gewidmet hat. Der Weg zeichnet anhand von Zitaten Kirchschlägers und einiger Wegbegleiter Leben und Denken des großen Politikers nach und führt über herrliche Aussichtspunkte hinunter zur Donau, an der einst Kirchschlägers Geburtshaus stand, und wieder zurück. Eine so harmonische Mischung aus landschaftlicher Schönheit und Erinnerung an menschliche Größe wie hier findet man selten.

Adresse Ausgangspunkt: Pfarrkirche St. Andreas, Hauptstraße 5, 4133 Niederkappel | Anfahrt von Urfahr über die B127 bis zum Kreisverkehr Altenfelden, dann über Lembach nach Niederkappel, Wegzeit gut 2,5 Stunden | Tipp Versäumen Sie nicht die Besichtigung der Pfarrkirche von Niederkappel. Die 1895 anstelle eines zu klein gewordenen gotischen Vorgängerbaus errichtete Kirche gilt aufgrund ihrer beeindruckenden Dimensionen als »Dom des Mühlviertels«.

61 Das Leinöl

Arme-Leute-Essen? Soul- und Superfood!

»Cucina povera«, »Arme-Leute-Küche«, so nennt man auf Italienisch einfache Gerichte, die ohne viel Schnickschnack aus dem gekocht werden, was eben gerade in der Gegend wächst. Seit aber auch bei den nicht so armen Leuten Schlagworte wie »regional«, »saisonal«, »Nachhaltigkeit« und »CO_2-Fußabdruck« an Bedeutung gewinnen, sind die Gerichte der ehemaligen Armenküche höchst angesehen.

Auch Leinölerdäpfel fallen in diese Kategorie, sie sind das Mühlviertler »Signature Dish« schlechthin. Die dafür benötigten Kartoffeln und die Milch gab es schließlich überall, und Leinöl sowieso. Zu Zeiten, als die florierende Textilindustrie das ganze Land im Frühsommer in ein Meer von duftig-zarten hellblauen Leinblüten tauchte, herrschte an der Ölsaat kein Mangel. Mit dem Niedergang der Webereien verschwanden die empfindlichen Blüten, die sich nur vormittags bei Sonnenschein öffnen, aus der Landschaft – das Leinöl wurde zur gesuchten Spezialität. Seit man entdeckt hat, dass es unter allen Speiseölen den höchsten Anteil an Omega-3-Fettsäuren aufweist, steigt das Interesse daran wieder.

Auch das Angebot wird größer, etwa durch die »farmgoodies«, wie Judith und Günther Rabeder ihr 2014 gegründetes Unternehmen nennen, das sich der Verarbeitung heimischer Ölsaaten wie Hanf und Mohn, vor allem aber Leinsamen verschrieben hat. Ihre Vertragsbauern kultivieren 100 Hektar Lein im ganzen Mühlviertel und liefern die Ernte nach Niederwaldkirchen, wo sie kaltgepresst wird.

Viele ihrer Kunden nehmen morgens einen Teelöffel des Öls auf nüchternen Magen ein. Soll sehr gesund sein. Verlockender klingt aber das traditionelle Rezept: Dazu kocht man ein Kilo mehlige Kartoffeln, schält sie und schneidet sie blättrig. Je ein Achtelliter Milch und Obers erhitzen und die Kartoffeln damit verrühren, salzen und pfeffern. Auf Tellern anrichten und Leinöl je nach Geschmack über die Portion träufeln. Dazu Salat.

Adresse Am Emerberg 12, 4174 Niederwaldkirchen, Tel. 07231/33555, www.farmgoodies.net | **Anfahrt** über die B127 bis Windorf, dort im Kreisverkehr Richtung Haslach, danach den Wegweisern nach Niederwaldkirchen folgen | **Öffnungszeiten** Hofladen: Mo–Fr 8–14 Uhr | **Tipp** Wer nicht selbst kochen will, findet Leinölerdäpfel auch auf der Speisekarte des »Erdäpfelgasthofs« der Familie Ortner in der Windgasse 8 in Haslach (www.gasthof-turm.at).

62 Die Rohmilchkäserei

Glück ist (auch) eine Willensfrage

Für französische Gourmets geht nichts über vom Bauern selbst hergestellten Rohmilchkäse, der die heiß begehrte Bezeichnung »fermier« tragen darf. Wenn die Milch noch auf dem Hof verarbeitet wird, ohne Transport und lange Kühlung, bleibt der volle, typische Geschmack eben am besten erhalten. Österreichische Kunden haben andere Sorgen: Ob der Rohmilchkäse nicht doch irgendwie gefährlicher sei als der normale, mussten sich Veronika und Herbert Lang anfangs oft fragen lassen. 1995 hatten sie begonnen, selbst gemachten Rohmilchkäse auf den Mühlviertler Bauernmärkten zu verkaufen.

Verunsichert hat sie das anfängliche Misstrauen nicht. Man müsse die Kunden halt erziehen, erklären die beiden heute mit einem Lachen. Gezweifelt haben sie an ihrer Entscheidung nie. Wenn schon Käse, dann muss es Rohmilchkäse sein, sonst hat die Arbeit für sie keinen Sinn. 1992 hat Herbert die Käsereiausbildung absolviert, drei Jahre später machten sich die beiden mit ihrem Käse selbstständig. Sie legten sich eine Ziegenherde zu und erweiterten den Bestand an Milchkühen von 5 auf 25. Auch dabei gehen sie nicht mit dem Trend, sondern folgen ihrer eigenen Überzeugung. Melkroboter? Ungläubiges Lachen. Die Tiere enthornen? Ungeduldiges Kopfschütteln. Die Kühe brauchen ausreichend Platz im Laufstall, mehr nicht, und die Hörner bleiben dran. Auch bei den Ziegen. Die in der Milchproduktion üblichen Saanenziegen kommen ihnen nicht in den Stall, sondern Toggenburger und gemsfarbene Gebirgsziegen – die sind interessanter. Selten sieht man Tiere, auf die das häufig verwendete Attribut »glücklich« so gut passt wie auf diese hier. Auch ohne Hochleistungsrassen haben Veronika und Herbert mit ihrem Käse alle Hände voll zu tun. Die Schlange vor dem Bus, mit dem sie viermal pro Woche die Bauernmärkte der Region abfahren, ist lang genug, und die Kunden sind zufrieden – schließlich sind sie alle gut erzogen.

Adresse Obergahleiten 5, 4150 Rohrbach | **Anfahrt** über die Böhmerwaldstraße B38, von dieser bei Wandschaml abbiegen, der Straße nach Obergahleiten über Pitretsberg folgen | **Öffnungszeiten** nach Voranmeldung unter Tel. 07289/6207 oder Tel. 0664/2362309 | **Tipp** Im nördlichen Mühlviertel können einen durchaus südliche Gefühle überkommen: Ein paar Häuser weiter, in Obergahleiten 8, hat sich Palmenhändler Bernhard Daller angesiedelt, im nahen Oepping befindet sich am Hausberg 13 die Zentrale des Hängemattenerzeugers Chico (www.chico.at).

63 Die Glashütte

Vom goldenen Prag ins gläserne Mühlviertel

Unter Karl IV. aus dem Hause Luxemburg wurde Prag zur »Goldenen Stadt«. Der Veitsdom, die älteste Universität Mitteleuropas und die nach ihm benannte Brücke über die Moldau gehen auf seine Herrschaftszeit zurück. Der 1355 gekrönte Kaiser holte auch Künstler und Handwerker aus Frankreich und Italien an seinen Hof. Unter ihnen waren zahlreiche Glasproduzenten.

Glas war ein besonders kostbares Gut. Für seine Herstellung benötigt man neben hochwertigem Sand auch Kaliumkarbonat, umgangssprachlich Pottasche genannt. In den Glashütten wurden zwei Drittel Pottasche mit einem Drittel Sand gemischt und gemeinsam zunächst 24 Stunden lang bei 750 Grad Celsius unter ständigem Rühren im Ofen erhitzt, um Verunreinigungen zu beseitigen. Die eigentliche Schmelze erfolgte danach, sie benötigt Temperaturen von 1.200 Grad Celsius. Für die Glaserzeugung brauchte es also Unmengen an Holz, und hier kommt das Mühlviertel ins Spiel: Die Glasmacher, die Karls Ruf nach Böhmen gefolgt waren, blieben nur so lange an einem Ort, wie sie dort ausreichend Holz zur Aschegewinnung und zur Befeuerung der Schmelzöfen vorfanden. Das waren pro Hütte etwa 20 bis 30 Hektar Wald pro Jahr.

Aus Böhmen wanderten die Glasmacher bald in die dichten Wälder des nördlichen Mühlviertels weiter. Sie blieben bis ins 19. Jahrhundert, als auch hier das Holz langsam knapp wurde. Nur in Heimatmuseen sind ihre Erzeugnisse heute noch zu sehen. Die Öfen und Siedlungen der Glasmacher verschwanden mit ihnen.

Ein paar überwucherte Steinmauern an den Hängen des Sternsteins beweisen, dass Archäologen nicht nur Fachwissen brauchen, sondern auch Phantasie. Der unvorbereitete Wanderer würde die Mauerreste wohl kaum beachten. Vor dem inneren Auge des Archäologen jedoch ersteht eine der Mühlviertler Glashütten aus den Ruinen. Wie diese ausgesehen haben könnte, zeigt eine Schautafel.

Adresse Oberstern 1, 4190 Oberstern | **Anfahrt** von Bad Leonfelden über die B38 Richtung Norden, bei Unterlaimbach nach links und dem Wegweiser »Waldschenke« folgen, dort parken und auf einem Wanderweg in etwa einer halben Stunde zur Glashütte. | **Tipp** Zum 50-jährigen Regierungsjubiläum Kaiser Franz Josephs wurde die Warte auf dem nahen Sternstein errichtet. Allein wegen der Fernsicht lohnt sich die Wanderung.

64 Der Sonnenuhrmacher

Kunstwerke aus Licht, Schatten und Zeit

Bewegt sie sich also doch nicht? Um zu verstehen, wie eine Sonnenuhr funktioniert, stellt man sich die Erde am besten so vor, wie es vor der kopernikanischen Wende üblich war: als Mittelpunkt des Universums, mit dem Himmel als darübergestülpter Hohlkugel. An dieser ziehen die Sonne und andere Himmelskörper ihre Kreisbahnen. Stellt man diese als Linien dar, kann man Winkel berechnen und ihre Position auf der gedachten Himmelskuppel genau angeben.

Und nur dann kann man auch den Stab richtig aufstellen, der bei einer Sonnenuhr als Zeiger dient. Also eigentlich nicht wirklich, denn der Zeiger einer Sonnenuhr ist ja der vom Stab geworfene Schatten. »Gnomon« nannten die alten Griechen den Schattenwerfer, Gnomonik heißt die Wissenschaft von der Sonnenuhr. Sie geht auf die Babylonier zurück und wurde in der Antike als Teilgebiet der Architektur betrachtet.

Eine Sonnenuhr kann nämlich mehr, als nur die Stunden anzuzeigen. Richtig interessant wird es für einen Sonnenuhrmacher wie Gernot Krondorfer, wenn seine Werke auch Sonnenauf- und Sonnenuntergangszeit anzeigen sollen, oder die Sonnenwenden oder den Hochzeitstag des Kunden. Der Ohnerstorfer ist als Autodidakt zu seinem Beruf gekommen. Eigentlich ist er Keramiker, arbeitet aber auch gern mit Metall und Granitgestein. Dieses darf ruhig gekrümmte Flächen aufweisen, sodass der Schatten des Gnomons dynamisch ist – eine besondere Herausforderung.

Das exotischste Projekt des Mühlviertler Sonnenuhrmachers ist eine Uhr an der Südspitze Indiens, die er 1998 am Denkmal für den hinduistischen Gelehrten Swami Vivekananda montierte. Das dortige Ziffernblatt zeigt unter anderem Sonnenwenden, Tag- und Nachtgleichen sowie Mittag und Mitternacht von über 70 Orten rund um den Globus.

Das uralte Wissen um die Bahnen der Sonne bringt uns so nicht nur mit der Himmelskuppel, sondern mit der ganzen Welt in Verbindung.

Adresse Ohnerstorf 11, 4152 Sarleinsbach | **Anfahrt** von Sarleinsbach über die Seilerstätte Richtung Westen, dann der Straße Am Teichfeld und der Hanrieder Bezirksstraße folgen, in Ohnerstorf rechts abbiegen | **Öffnungszeiten** auf Anfrage unter Tel. 07283/8605 | **Tipp** Einzigartige Fundstücke aus dem Gebiet von Niederkappl präsentiert das Steinzeitmuseum gleich nebenan, zu dem man ebenfalls Informationen bei Gernot Krondorfer bekommt. Es beherbergt ein Jadebeil, 5.000 Jahre alte Keramikschüsseln, Pfeilspitzen und vieles mehr.

65 Der Donaubus

Auf breitem Fluss durchs enge Tal

Die Donau wirkt heute so wild und ungestüm wie ein Schotterteich. Dabei ist der zweitlängste Fluss Europas, der dem Habsburgerreich den schönen Namen »Donaumonarchie« gab, auf dem Gebiet der heutigen Alpenrepublik ein Gebirgsfluss. Auf den knapp 350 Kilometern, die sie durch das geschrumpfte Staatsgebiet fließt, überwindet die Donau einen Höhenunterschied von 150 Metern. Kein Wunder, dass neun Donaukraftwerke auf österreichischem Gebiet den Strom zurückstauen, der nur noch in der Wachau und zwischen Wien und Hainburg ein wenig von seinem alten Charakter bewahren durfte. Und doch spürt man auch im aufgestauten Strom die Macht dieser ungeheuren Wassermasse, es genügt, ein paar Meter weit vom sicheren Ufer des Urfahraner Donaustrands wegzuschwimmen.

Noch mehr von der Donau hat man freilich, wenn man sie mit dem Schiff erkundet. Dass das ein lukratives Geschäft sein könnte, hatten sich die Ottensheimer Brüder Markus und Peter Luger schon lange gedacht. Sie fanden heraus, dass es in den 1950er Jahren sogar einmal einen »Donaubus« zwischen Linz und Ottensheim gegeben hat, und belebten die Idee wieder. Seit 2019 befahren sie mit ihrem eigenen schnittigen Donaubus die Strecke, seit Anbeginn sind sie voll ausgelastet: Zu den Pendlern und Radlern, mit denen sie gerechnet hatten, kamen Scharen von Ausflüglern. Diese werden angesichts der reizvollen Strecke nicht enttäuscht. An beiden Ufern führen dicht bewaldete Hänge steil hinauf, man sieht Freinberg und Römerberg aus ungewohnter Perspektive, Reste der maximilianischen Turmlinie auf der einen, die Urfahrwänd' auf der anderen Seite, kann den Fortschritt der Autobahntunnel beobachten und entdeckt da und dort noch Reste alter Steinbrüche. Die Donau hat bei der Linzer Pforte ein enges Tal in die Böhmische Masse gefräst – rein geologisch betrachtet fließt sie hier mitten durchs Mühlviertel.

Adresse Anlegestelle Ottensheim: Siglallee, 4100 Ottensheim (etwa 100 Meter vor der Überfuhr); Anlegestelle Linz-Urfahr: Flußgasse, 4040 Linz | ÖPNV per Straßenbahn 1, 2 oder 3 nach Linz-Urfahr, Haltestelle Rudolfstraße, direkt beim Pfeiler der Nibelungenbrücke | Anfahrt nach Ottensheim über die B127 | Öffnungszeiten Fahrbetrieb: Mai Fr–So 9–18.20 Uhr, Juni–Sept. Mo–So 9–18.20 Uhr, Abfahrt immer 20 Minuten nach der vollen Stunde, Fahrtdauer stromabwärts etwa 20, stromaufwärts 40 Minuten, Reservierung unter Tel. 0699/11206173 | Tipp Etwas Zeit in Ottensheim einzuplanen empfiehlt sich vor allem an warmen Tagen. Der nicht sehr verlockend »Gatschinsel« genannte Sandstrand ist einer der schönsten, den die Donau in Oberösterreich zu bieten hat.

66_Der Brotbrand

Lebensmittel-Upcycling durch den Destillierkolben

Brot verbrennen? Das machen viele. Zehn bis zwölf Prozent Altbrot bleiben in einer Bäckerei im Durchschnitt übrig oder kommen als Retourware von den belieferten Filialen und Supermärkten zurück. Ein Teil wird am nächsten Tag billiger verkauft, ein Teil geht in die Tierfutterproduktion, manches wandert in die Biogasproduktion – oder eben als Brennstoff in den Backofen. Auch Moritz Aschauer, der die familieneigene Bäckerei in Pabneukirchen in der fünften Generation betreibt, musste sich mit dem Thema Altbrot beschäftigen. 600 Kilogramm pro Monat fallen davon an, Tendenz steigend.

Aber verbrennen? Damit konnte sich der junge Bäckermeister nicht anfreunden, der an der Fachhochschule Wieselburg Produktmarketing und Projektmanagement studierte. Eines der Produkte, die er dabei kennenlernte, war Gin. Der wird aus einem Getreidedestillat erzeugt. Und wenn man statt Getreide Brot nehmen würde? Nun unterrichtete an der Fachhochschule auch ein gewisser Josef Farthofer, der mit seiner Mostviertler Destillerie zahlreiche internationale Auszeichnungen eingeheimst hatte, darunter auch diejenige für den weltbesten Wodka.

Er war von der Idee eines Destillats auf der Basis von Altbrot begeistert. Der mittels 50-facher Destillierung erzeugte Wodka stellte auch Farthofers weltmeisterlichen Gaumen zufrieden. Der Name war rasch gefunden: Brotka. Doch damit war noch lange nicht Schluss. Beim Destillieren und Verkosten war den beiden aufgefallen, dass der Brotbrand durch das typische Brotgewürz gelegentlich eine feine Anisnote aufwies, die Urlaubsgefühle weckt. Als sie diese noch verstärkten, war das Resultat besonders stimmig: Der Brotuzo war erfunden. Zu guter Letzt ließ sich selbst die Diplomarbeit des Studienkollegen, der den Bäcker auf seine Schnapsidee gebracht hatte, aus Altbrot destillieren: Es handelt sich um ein raffiniertes Gin-Rezept.

Adresse Markt 4, 4363 Pabneukirchen, www.hochbrotzentig.at | **Anfahrt** A7, Ausfahrt Unterweitersdorf, über die B124 in Richtung Königswiesen, bei Mönchdorf rechts in Richtung Pabneukirchen abbiegen, Bäckerei am Marktplatz neben der Kirche | **Öffnungszeiten** Bäckerei und Kaufhaus Aschauer zu normalen Geschäftszeiten, Verkostungen nach Vereinbarung unter Tel. 07265/5231 | **Tipp** Eine Viertelstunde Fahrzeit nördlich von Pabneukirchen, erreichbar über die B124 Richtung Königswiesen und Pierbach, liegt die imposante Ruine Ruttenstein, die gratis besichtigt werden kann.

67 Die Bienenluftkur

Wo man sich die Lunge freischmecken kann

Wenn ein Mühlviertler »Schmeck's!« sagt, dann kann damit alles Mögliche gemeint sein. Nur mit der Zunge hat der entweder verärgerte oder ungeduldige Ausruf mit ziemlicher Sicherheit nichts zu tun: »Schmeck's« bezieht sich nämlich auf den Geruchssinn.

So »schmeckt« auch der Peilsteiner Imkermeister Heinrich Hüttner stets schon im Vorhinein, wie sein Honig in diesem Jahr wird, ohne auch nur einen Tropfen davon gekostet zu haben. Er riecht das nämlich, sobald er beim Stock ist. Imker haben eben besonders feine Nasen – und sie leben auch länger. Sagen zumindest die Betroffenen selbst und verweisen auf Kollegen, die vor allem aus gesundheitlichen Gründen mit der Imkerei begonnen haben.

Über die konservierende Wirkung von Bienenprodukten wie dem harzartigen Propolis, mit dem die Bienen ihren Stock abdichten, wussten schon die alten Ägypter Bescheid. Auch die Cremoneser Geigenbauvirtuosen verbesserten den Lack für ihre kostbaren Instrumente mit Bienenharz, das sowohl Bakterien als auch Viren und Pilze bekämpft. In Tierversuchen wurde eine zumindest wachstumshemmende Wirkung auf Tumore nachgewiesen.

Heinrich Hüttner, der in seiner Imkerei auch ein informatives kleines Bienenmuseum aufgebaut hat, kennt die heilende oder zumindest lindernde Wirkung seiner Produkte, ist aber kein besonderer Freund des gesunden Bienenstichs, von dem viele sprechen. Vielmehr ist er von der heilenden Wirkung der Luft überzeugt, die er bei der Arbeit am Bienenstock einatmet. In der duftenden, 35 bis 37 Grad Celsius warmen Luft sind Dämpfe von Honig, Propolis, Nektar und Wachs gelöst. Er erfand ein Luftabsaugesystem, das er in einige Bienenstöcke einbaute. Durch einen Schlauch und eine Atemmaske kann man in der Erlebnisimkerei seither Bienenluft atmen, um Asthma, Bronchitis und andere Beschwerden des Atemtrakts zu lindern – oder um ganz einfach den Geschmack der Luft aus dem Bienenstock zu genießen.

Adresse Vorderschlag 12, 4153 Peilstein | Anfahrt von Rohrbach über die B38 Richtung Peilstein, kurz vor dem Ort rechts in die Hinterschlager Bezirksstraße einbiegen, der Straße Martschlag bis zur Imkerei folgen | Öffnungszeiten Besuch nach Voranmeldung unter Tel. 07287/7294 | Tipp Südlich von Peilstein, im Ort Flatting, führt der Vogelstimmenweg das Kirchbacher Bachl entlang. Der schönste Streckenabschnitt heißt »Sausende Schlucht«, Vogelstimmenstationen helfen dabei, die oft versteckten Sänger zu identifizieren.

68 Das Steinbrecherhaus

Es muss nicht immer Granit sein

Hart muss er sein, und eine raue Oberfläche soll er haben. Die Rede ist nicht von veralteten Männlichkeitsidealen, sondern vom perfekten Mühlstein. Eine gewisse Porosität sollte er auch aufweisen, weshalb Granit für diese Verwendung ungeeignet ist. Dafür wurde der Sandstein, wie er in der Gegend von Perg vorkommt, seit urdenklichen Zeiten für seine besondere Qualität geschätzt. Kaiser Rudolf II. sicherte den Perger Steinmetzen im Jahr 1582 das Privileg zu, dass nur sie im Land ob der Enns Mühlsteine abbauen durften, egal wo diese gefunden wurden. 40 Mühlstein-Meister beschäftigten damals einen Großteil der Perger Bevölkerung. Einen bis zwei Mühlsteine konnte ein Mann pro Woche aus dem Sandstein herausarbeiten. Eine äußerst mühselige und laute Arbeit: Zuerst musste der Steinhauer eine ebene Fläche aus dem Sandstein herausschlagen und auf dieser mit einem Zirkel den Umfang des Steines einritzen. Danach schlug er rund um den künftigen Mühlstein das Material weg, bis die erforderliche Höhe erreicht war. Mit Eisenkeilen sprengte er den Mühlstein dann von seinem Untergrund.

Technologische Fortschritte, günstige Importware aus Frankreich und die Möglichkeit, künstliche Mühlsteine herzustellen, führten im Lauf des 19. Jahrhunderts zum langsamen Niedergang des Gewerbes. Die Perger Meister stemmten sich lange gegen das Ende, doch in den 1930er Jahren wurde auch im Schererbruch der letzte Stein aus dem Fels herausgehauen.

Wie riesige Käselaibe aus Stein sehen die erst halb herausgeschlagenen, noch fest mit dem restlichen Gestein verbundenen Steine aus, die man heute beim Besuch von Österreichs einzigem Mühlsteinmuseum im Schererbruch besichtigen kann – »Non-finito« würde man sie in Italien nennen. Wie Michelangelos halb fertige Skulpturen stecken sie im Fels fest, als Zeugnisse des goldenen Zeitalters der Perger Mühlsteinmeister.

Adresse Mühlsteinstraße 43, 4320 Perg | Anfahrt Zufahrt vom Stadtzentrum gut ausgeschildert | Öffnungszeiten Mai–Okt. jeden 1. Sa im Monat 14–17 Uhr und nach Voranmeldung bei Harald Marschner unter Tel. 0664/1803253 | Tipp Die nahe Ratgöbluckn ist eine besonders weit verzweigte mittelalterliche Fluchthöhle und kann nach telefonischer Voranmeldung bei Anton Baumann besichtigt werden (Tel. 07262/53535).

69 Der Flügelaltar

Ein übersehenes Meisterwerk der Spätgotik

Zum Gründer des Frankenreiches wurde der fränkische Warlord Chlodwig I. nicht durch Freundlichkeit und auch nicht wegen seines diplomatischen Geschicks. Für Letzteres sprach freilich die Tatsache, dass er sich katholisch taufen ließ, was für die Akzeptanz der Frankenherrschaft bei der gallorömischen Bevölkerung eine entscheidende Rolle spielte. Widersacher beseitigte Chlodwig in der Regel recht schnell, doch machte er gelegentlich auch Gefangene – für die sich immer wieder ein junger Adeliger namens Leonhardus einsetzte, ein Zögling des Bischofs Remigius von Reims. Als der hartnäckige Fürsprecher später der Frau von Chlodwigs Sohn und Nachfolger Chlotar beistand, als sie mitten im Wald niederkam, erhielt er ein Stück Land. Dort errichtete er das heute noch bestehende Kloster Noblat.

Leonhard wurde heiliggesprochen und ist aufgrund seiner Erfahrung als Geburtshelfer der Nothelfer für Wöchnerinnen, auch bei Geschlechtskrankheiten wird er angerufen. Dass er vor allem als Schutzpatron für das Vieh bekannt ist, beruht auf einem Irrtum: Wegen seines Einsatzes für Gefangene wurde er schon früh mit einer Kette dargestellt. Diese hielt man irrtümlich für eine Viehkette, und so haben eben auch die Nutztiere ihren Heiligen.

Das abenteuerliche Leben Leonhards, aber auch Szenen aus dem Leben Christi wie die Beschneidung und die Beweinung sind von einem unbekannten Schnitzkünstler auf den Tafeln und der Predella des Pesenbacher Leonhardi-Altars festgehalten. Dieser zählt zu den bedeutendsten Flügelaltären der späten Gotik in Österreich, steht im Mühlviertel aber im Schatten der berühmteren Altäre von Kefermarkt, Sankt Michael ob Rauchenödt und Waldburg. Ähnlich wie der berühmtere Kefermarkter Altar wurde auch er dank der Intervention Adalbert Stifters vor dem Zerfall gerettet und strahlt seither in blau-goldenem Glanz – exklusiv für eine kleine Schar von Kennern.

Adresse 4101 Pesenbach | Anfahrt über die B127 nach Ottensheim, kurz nach dem Ort links in die B131 in Richtung Aschach einbiegen, dem Wegweiser nach Pesenbach folgen | Tipp Weltberühmt im Mühlviertel ist im Gegensatz zum Altar der Kerzenstein im Pesenbachtal. Die reizvolle Wanderung zum markanten Felsen beginnt beim Parkplatz des Waldbades Mühllacken, hin und retour benötigt man etwa zweieinhalb Stunden.

70_Maria Rast

Als Maria zum Steinerweichen müde war

Wenn Maria höchstpersönlich anrücken musste, dann lässt das nur einen Schluss zu: Das vorchristliche Heiligtum, das nur durch die Anwesenheit der Gottesmutter umgewidmet werden konnte, muss von größerer Bedeutung gewesen sein – sonst hätte es ja ein ganz normaler Heiliger auch getan. Im Mühlviertel hielten die Menschen offenbar auch nach erfolgter Christianisierung hartnäckig an den vielen Steinheiligtümern der Region fest, sodass Maria hier besonders viel zu tun hatte. Sie hinterließ einige heute noch wundertätige Fußabdrücke, badete ihr himmlisches Kind in zahlreichen Schalensteinen und setzte sich offenbar mit solchem Schwung auf so manchen anderen Stein, dass sie dabei einen Abdruck ihres gottesmütterlichen Gesäßes hinterließ.

So auch in der Kapelle »Maria Rast« bei Helfenberg, wo sie sich auf ihrer Flucht nach Ägypten – auf der sie ganz schön herumkam, wie viele ähnliche Legenden in ganz Europa beweisen – auf einem Stein niedergelassen und diesen dabei für immer verformt hat. In der damals noch mit Wasser gefüllten Vertiefung auf der Oberseite des Steins badete sie den kleinen Jesus, allerdings trocknete die Schale durch den Bau einer Kapelle aus.

Dafür erschien Maria einer kranken Burgfrau von Piberstein und wies ihr den Weg zu einer wundertätigen Quelle etwas unterhalb des Sitzsteines, die heute ebenfalls von einer Kapelle überbaut ist. Ein Wasserrohr ragt aus einer Pietà, ein Trichter hilft beim Abfüllen des nach wie vor beliebten Wassers. Es soll gegen Augenleiden helfen – auch das ist bei wundertätigen Quellen oft der Fall. Zwischen dem alten Schalenstein und der Heilquelle stößt man im Wald auf die überwucherten Überreste zweier Steinkreise, darunter ein sogenannter »Gebärstein« – ein Hinweis darauf, dass es bei dem bedeutenden religiösen Zentrum, das sich hier einmal befand, ursprünglich nicht um Augenheilkunde gegangen sein dürfte.

Adresse Piberschlag, 4184 Schönegg | **Anfahrt** von Bad Leonfelden über die B38 in Richtung Rohrbach, in Piberschlag beim Gasthaus Frellerhof in Richtung Brennten links abbiegen, den Wegweisern folgen, vom Parkplatz wenige Minuten zu Fuß zur Waldkapelle | **Tipp** Wer Lust auf eine längere, abwechslungsreiche Wanderung hat, folgt den Schildern des 3-Themen-Wegs, der entlang von 40 künstlerisch gestalteten Stationen in einer etwa vierstündigen Runde rund um Helfenberg und Piberschlag führt.

71_Das Wettershuttle

Über Grenzen lachen

Gibt es »natürliche« Grenzen? Historische Sprachenkarten sprechen dagegen, erfolgreiche Eroberer dafür. Nichts bietet sich seit jeher so sehr für die Rechtfertigung von Gelüsten nach Gebietserweiterungen an wie Gebirgspässe, Flüsse und selbst Wasserscheiden. Natürliche Gegebenheiten wurden dabei oft propagandistisch ausgeschlachtet und mit viel Pathos symbolisch überhöht, Bergketten oder Flüsse zu Bollwerken, heiligen Stätten oder sonst wie von der Natur vorbestimmten Grenzlinien hochstilisiert. Liest man noch gar nicht so alte nationalistische Propaganda, könnte man fast darüber lachen, wenn das alles nicht so traurig wäre. Wollten wir in Europa nach all den entsetzlichen Erfahrungen vor allem des 20. Jahrhunderts nicht gerade noch wenigstens innerhalb des Kontinents Grenzen überwinden, überflüssig machen oder sie zumindest neu denken?

Wer dafür eine geistige Lockerungsübung braucht, sollte ins nördliche Mühlviertel fahren. Dort existiert eine »natürliche« Grenze, die den Menschen aber zum Glück nie als politische Grenze aufgezwungen wurde: die Wasserscheide zwischen Nordsee und Schwarzem Meer. Dass man selbst diese Grenze ad absurdum führen kann, demonstriert der Bildhauer Gerhard Eilmsteiner mit seinem Wettershuttle. Ein genau auf der Wasserscheide platziertes, etwa fünf Meter langes Gefährt, das vage an einen keltischen Kultwagen erinnert, ist mit zwei großen Schalen ausgestattet, in denen Regenwasser gesammelt wird. Ein ausgeklügelter Mechanismus sorgt dafür, dass der auf Schienen stehende Wagen das gesammelte Wasser auf der jeweils »falschen« Seite auskippt. Eine wunderbare Respektlosigkeit vor der natürlichen Grenze, die eine wertvolle Denksportübung darstellt: Sie trainiert den richtigen Blick auf vermeintlich von höherer Stelle vorgegebene Trennlinien. Diese wenigstens geistig zu überwinden, ist reine Willenssache.

Adresse Oberpaßberg 30, 4263 Windhaag bei Freistadt | Anfahrt von Freistadt über die Prager Straße nach Norden, bei Vierzehn nach rechts in Richtung Windhaag abzweigen, über Lichtenau Richtung Windhaag, in Prendt links, in Oberpaßberg rechts abbiegen, Kunstwerk von Weitem sichtbar | Tipp Weniger gefinkelt, aber auch sehenswert ist die Nutzung der Wasserkraft im nördlich von Windhaag gelegenen Freilichtmuseum Felbermühle, wo man eine historische Venezianersäge bewundern kann. Informationen zu Führungen gibt es bei der Gemeinde Windhaag unter Tel. 07943/611114.

72 Die Erlebniswelt Granit

Ein Herz für Stein

Wie wäre es mit einem Tropical Violet aus Brasilien? Himalaya Blue aus Indien vielleicht? Oder Kashmir White? South Dakota Mahogany aus den USA gibt es auch. Was sich wie die Karte eines exquisiten Teeladens liest, ist in Wirklichkeit Teil der Plöckinger Erlebniswelt Granit – schließlich gibt es Granit auch anderswo. Und dessen Namen hören sich dann auch viel exotischer an als der gewohnte Dreiklang von Neuhauser, Mauthausener und Weinsberger Granit.

Doch selbst die vertrauten Bezeichnungen gewinnen an Aura, liest man ihre Entstehungsgeschichte, die auch den ersten Seiten eines Fantasy-Romans entnommen sein könnte: Als Rodinia zerfiel, kollidierten Gondwana und Laurussia … Es sind damit jedoch keine Barbarenkönigreiche gemeint, sondern Superkontinente. Ein Hochgebirge von Mexiko bis zum Ural faltete sich damals auf, das 100 Millionen Jahre später schon wieder eingeebnet war.

Moldanubikum heißt der Rest, auf dem wir uns heute befinden, oder genauer: südböhmischer Pluton. Die bis zu 7.000 Meter hohen Berge sind zu den vertrauten Mühlviertler Hügeln geschrumpft, womöglich ja auch nur vorläufig, jedenfalls aus erdgeschichtlicher Perspektive. Die Zeit vergeht für Steine nämlich nicht chronologisch, sondern zyklisch: Wie das Wasser hängt auch das Gestein unseres Planeten in einem riesigen Kreislauf miteinander zusammen. Nur dauert ein Durchlauf etwas länger, etwa 200 Millionen Jahre.

Die Mühlviertler Erlebniswelt Granit, die 1999 unmittelbar neben den größten Granitsteinbrüchen Österreichs eingerichtet wurde, wartet mit einer beeindruckenden Menge an Anschauungsexemplaren und einer Fülle von Hintergrundwissen dazu auf. Wer einmal die größte Natursteinsammlung Österreichs besucht hat, wird nicht mehr achtlos über das Pflaster latschen – der vermeintlich banale Wiener Würfel ist wahrscheinlich ein Stück Neuhauser Granit, das Hunderte Millionen Jahre Geschichte hinter sich hat.

Adresse Plöcking 2, 4114 Plöcking, www.erlebniswelt-granit.at | Anfahrt über die B127 nach St. Martin, von dort weiter in Richtung Untermühl, den Wegweisern folgen | Öffnungszeiten Steinlehrpfad frei zugänglich, Führungen nach Vereinbarung unter Tel. 0664/4630014 | Tipp Wer den Steinlehrpfad zu kurz findet, ist womöglich reif für eine viertägige Granit-Pilgertour von St. Martin nach Helfenberg (www.granitpilgern.at).

73 Das Feldaisttal

Faulenzen wie die Fischotter

Die Mühle klappert längst nicht mehr, aber der Bach rauscht noch ganz ordentlich. Als nach dem Zweiten Weltkrieg Bombenblindgänger gesprengt wurden, verschwanden die Reste der stillgelegten Notmühle. Nur der Mühlbach und eine Gedenktafel verraten die Stelle, an der sie einst stand.

Sie zählt zu den schönsten Plätzen an der 50 Kilometer langen Strecke, die die Feldaist von Oberrauchenödt bis Mauthausen durchmisst. Ein Großteil davon ist – nomen est omen – landwirtschaftlich genutztes Gebiet, nur südlich von Pregarten ändert sich das recht gründlich. Wandert man von der Bruckmühle aus flussabwärts, betritt man sagenumwobenes Gelände. Beim Teufelsstein und der Teufelsmauer – der Sage nach satanische Bauwerke, die durch fromme Gebete zum Einsturz gebracht wurden – soll es sich wie so oft um vorchristliche Kultplätze gehandelt haben. Gut möglich, schließlich wurde die Feldaist schon in der Jungsteinzeit als Verkehrsweg zwischen Donau und Moldau genutzt, wie Funde belegen.

Weniger an Kult- als an Filmschauplätze denkt man unwillkürlich wenige Gehminuten weiter, wo durch Wollsack-Verwitterung bizarr geformte Felsformationen die Phantasie anregen. Tatsächlich soll sich an einer der Wände, dem »Jungfernsprung«, Dramatisches zugetragen haben. Doch Experten vermuten hinter der Sage vom jungen Mädchen, das sich der geplanten Zwangsverheiratung durch einen Sprung in die Tiefe entzog, umgedeutete Fruchtbarkeitskulte.

Heute beginnt bei der Klausmühle schon lange kein religiöser Bezirk mehr, sondern seit 1986 das erste Landschaftsschutzgebiet Oberösterreichs. Es soll das wildromantische Durchbruchstal und seine Tier- und Pflanzenwelt bewahren. Mit Erfolg: Im Fluss gibt es wieder Saiblinge und Forellen, Überreste von Flusskrebsen markieren die Rastplätze der wieder eingeführten Fischotter. Kleine Sandbänke zwischen den Felsen laden ein, es ihnen gleichzutun.

Adresse Parkplatz Aistwiese, gegenüber Bahnhofstraße 18, 4230 Pregarten | **Anfahrt** über die A7 und die B124 nach Pregarten, vom Parkplatz schräg gegenüber der Bruckmühle zu Fuß ins Landschaftsschutzgebiet | **Tipp** Sehenswert ist auch das obere Feldaisttal. Die zum Museum gewordene Kumpfmühle am Mühlweg 15 ist ein guter Ausgangspunkt für den Spaziergang (www.kumpfmuehle.at).

74 Das Zwirnknopf-Museum

Vom Arme-Leute-Knopf zum Designerstück

Sollten Sie in Ihrem Kasten Bettwäsche aus Großmutters Zeiten aufbewahrt haben, dann kennen Sie wahrscheinlich die weichen, aus Zwirn hergestellten Knöpfe, mit denen man die Überzüge verschloss. An Details wie diesen erkennt man das Original und freut sich über die angenehm anzugreifenden und schön gearbeiteten kleinen Knöpfchen – Qualität, die es nur bei Handarbeit gibt.

Gut möglich, dass es Mühlviertler Hände waren, die den Zwirnfaden um einen kleinen Metallring gewickelt haben, bis er zum Knopf wurde, und gut möglich, dass es ziemlich kleine Hände waren. Die Zwirnknopf-Produktion war einst eine typische Arme-Leute-Arbeit, genauer gesagt: eine typische Arme-Kinder-Arbeit.

Vielleicht geriet die alte Technik ja wegen der Mühsal von damals in Vergessenheit. Mit ihr wäre aber auch die Vielfalt der traditionellen Knopfmuster verloren gegangen – etwa das Wagenrad, der Spitzensternenknopf oder der besonders gefinkelte Wiener Kranzknopf –, wenn nicht Sabine Krump, eine passionierte Gärtnerin und Handarbeiterin aus Pregarten, die Schönheit der Zwirnknöpfe für sich entdeckt hätte. Sie eignete sich die alten Techniken an, entwickelte neue Muster und erforschte die Geschichte der Zwirnknopfmacherei, deren Ursprünge sie in Südengland fand. Von dort brachten Handwerksgesellen die Knöpfe nach Böhmen und ganz Mitteleuropa.

2016 eröffnete Sabine Krump am Marktplatz von Pregarten ihre Knopfstubn, eine Werkstatt mit angeschlossenem Zwirnknopf-Museum, wo sie ihrer Kreativität freien Lauf lässt, Bücher über Knöpfe schreibt und ihr Wissen in Kursen weitergibt. Die Knopfmacherin versteht sich auch auf das Knüpfen von Netzwerken: So werden Zwirnknöpfe nach Mühlviertler Tradition mittlerweile auch in Japan oder Amerika hergestellt – als individuelles Accessoire, als Schmuck für Schuhe oder Hüte, als Lesezeichen oder kleine Kunstwerke, die für sich selbst stehen.

Adresse Stadtplatz 2, 4230 Pregarten | Anfahrt A7, Ausfahrt Unterweitersdorf, danach über die B124 in Richtung Königswiesen bis Pregarten | Öffnungszeiten Knopfstubn: Do 9–12 Uhr, Museum nach Voranmeldung per E-Mail unter zwirnknoepfe@gmail.com | Tipp Das Museum Pregarten am Stadtplatz 13 zeigt eine sehenswerte Sammlung von Tischkultur aus der ehemaligen Steingutfabrik und regelmäßige Sonderausstellungen (www.museumpregarten.at).

75__Der Turmweg

So schön sinnlos

Auf Napoleons militärische Überlegenheit reagierten die Besiegten recht unterschiedlich. In Wien etwa baute man das 1809 gesprengte äußere Burgtor zwar wieder auf, aber mehr aus Prinzip, denn da könnte ja jeder kommen. Die restlichen, nutzlos gewordenen Bastionen rund um das neue Tor riss man dagegen lieber gleich selbst weg, um dort stattdessen die Ringstraße zu errichten.

In Linz wiederum, wo es gar keine Bastionen gab, die die Franzosen hätten sprengen können, baute man nun welche. Erzherzog Maximilian Joseph von Österreich-Este, der den Rückzug der österreichischen Truppen nach ihrer Niederlage bei Regensburg im Jahr 1809 angeführt hatte, war die fehlende Verteidigungsbereitschaft des Habsburgerreiches im Allgemeinen und der Stadt Linz im Besonderen schmerzlich aufgefallen.

Der Absolvent der Theresianischen Militärakademie kupferte vom französischen Festungsbaumeister Montalembert ein Verteidigungskonzept auf der Basis einzelner Artillerietürme ab. Es gelang ihm, seinen kaiserlichen Cousin Franz I. von seiner Idee zu überzeugen. 1838 konnten die Linzer Türme dem Militär übergeben werden. Obwohl sie sich bei Manövern bewährten, wurde das Konzept im übrigen Reich nicht weiterverfolgt. Das hatte Gründe: Schon 1858 war die Anlage überholt, da die Artillerie weitere Fortschritte gemacht hatte.

Ein trauriges Ende für ein ehrgeiziges Unterfangen. Auslachen muss sich der Erzherzog dafür trotzdem nicht lassen. Der Bau der Anlage war ein komplexes Unternehmen, an dem 12 Steinbrüche und 14 eigens gegründete Ziegelbrennereien beteiligt waren. 200 Arbeiter lieferten bis 1832 circa 10,4 Millionen Ziegel. Rund um Linz waren 3.000 Arbeiter aus Böhmen und Italien mit dem Bau der Anlage beschäftigt. Die hohe handwerkliche Qualität der zu Ruinen verfallenen Türme kann man noch heute bei einer Wanderung auf dem Puchenauer Turmweg bewundern.

Adresse Puchenauer Kreuzweg 3, 4048 Puchenau | Anfahrt über die Rohrbacher Straße (B127) in Richtung Puchenau, bei der ersten Gelegenheit rechts in die Schießstattstraße einbiegen, hier Start des Puchenauer Kreuzwegs, führt zum Turmweg, ausgeschildert | Tipp Der Blick zur Donau ist vom Puchenauer Kreuzweg wirklich schön. So richtig überwältigend wird er aber erst vom Koglerauspitz, leicht erreichbar vom Gasthaus Köglerhof in Großamberg.

76 Die Schwedenschanze

Bis hierher und nicht weiter …

Ob es um modernes Wohndesign geht oder um das Bildungssystem, um die Gleichberechtigung der Geschlechter oder ganz allgemein um die Mündigkeit seiner Bürger: Schweden wird oft als Vorbild für andere Länder herangezogen. Selbst die Bezeichnung »Schwedische Gardinen« geht auf die vorzügliche Qualität des schwedischen Stahls zurück, aus dem man eben auch hochwertige Gitter herstellen konnte.

Vor etwa 400 Jahren stand »Schweden« hingegen für Barbarei und blanken Terror, den die Truppen Gustav Adolfs während des Dreißigjährigen Kriegs verbreiteten. Mit dem »Schwedentrunk« gaben sie sogar einer Foltermethode ihren Namen: Plündernde Soldaten flößten den derart Gequälten durch einen Trichter große Mengen Wasser und Jauche ein, um herauszufinden, wo ihre Opfer ihr Vermögen versteckt hatten. Die Angst muss im Mühlviertel also groß gewesen sein, als schwedische Truppen, die in Böhmen eingefallen waren, im Jahr 1641 auch das Land ob der Enns bedrohten. Die strategisch wichtige Salzstraße war für die Gefahr aus dem hohen Norden die logische Einfallsroute. An der böhmischen Grenze bei Rading ließ Grundherr Konrad Balthasar von Starhemberg eine massive Verteidigungsanlage errichten. Die Schweden verbreiteten wenig später tatsächlich Angst und Schrecken in den habsburgischen Erblanden. Sie verwüsteten Wald- und Weinviertel, das Mühlviertel blieb verschont. Ob sie die Radinger Schwedenschanze abgehalten hat, ist ungewiss. Dieser blieb auch später ihre Feuertaufe erspart: Im Zuge der osmanischen Eroberungszüge wurde sie zwar in Alarmbereitschaft versetzt, aber wieder nicht gebraucht. Mit der schwindenden Gefahr verfielen die Befestigungen, in den 1970er Jahren wurden sie – im Beisein des schwedischen Botschafters – renoviert. Heute zählt der von historischen Kanonen bewachte Grenzabschnitt zu den stillsten zwischen Österreich und Tschechien.

Adresse Rading, 4190 Bad Leonfelden | Anfahrt von Bad Leonfelden über die B126 Richtung Tschechien, kurz vor der Grenze rechts nach Rading abbiegen, gut sichtbarer Wegweiser zur nahen Jausenstation | Tipp Ein friedliches Naturdenkmal ist der Pilzstein bei Silberhartschlag. Folgt man dem gut beschilderten Wanderweg, der von Weigetschlag auf den Sternstein führt, erreicht man nach etwa 20 Minuten den Wegweiser zu diesem etwas abseits vom Weg liegenden Felsen, der wie ein riesiger Herrenpilz aussieht.

77 Das Volksmedizin-Museum

Die Magie traditioneller Mühlviertler Medizin

Man muss gar nicht auf dem Bahnsteig 9¾ in den Hogwarts-Express steigen. Das Zaubern kann man auch wesentlich unkomplizierter erlernen, und zwar am Großdöllnerhof bei Rechberg. Schon in Sachen Altehrwürdigkeit kann es der 400-jährige strohgedeckte Mühlviertler Dreiseithof mit seinen Steinbloßmauern mit jeder englischen Zauberschule aufnehmen, und natürlich werden auch hier Nicht-Eingeweihte zunächst nicht merken, dass sie sich an einem magischen Ort befinden: Die Einrichtung der letzten Bewohner des Hofes, die hier noch in den 1960er Jahren so bescheiden lebten und arbeiteten wie ihre Vorfahren, lässt zunächst an ein ganz normales Freilichtmuseum denken. Doch im ersten Stock ist die Welt der Muggel plötzlich ganz weit weg.

Hier kann man Zaubersprüchen lauschen, die eine Frau mit fester Stimme vorliest und die dank lateinischer Einsprengsel geheimnisvoll klingen. Dennoch wäre es ein Fehler, diese und andere Heilpraktiken, die in der Dauerausstellung »Volksmedizin und Aberglaube« erklärt werden, zu belächeln. Schließlich wissen wir heute, wie wichtig psychische Faktoren bei der Heilung sind, und da ist so ein Zauberspruch, den man vor dem Löffeln der Medizin aufsagen muss, vielleicht hilfreich. Auch die Heilpflanzen und Hausmittel, um die es hier in erster Linie geht, sind von unbestreitbarer Wirkung. Beim Klopfen auf Holz, dreimaligem Ausspucken – das als »Toi, toi, toi« in den Sprachgebrauch übergegangen ist – oder Handvorhalten beim Gähnen denken wir längst nicht mehr an die »magische« Bedeutung, die diese Handlungen einst hatten. Letztere diente dazu, Dämonen daran zu hindern, in den offenen Mund zu fliegen.

Einen wesentlichen Unterschied zu den auch heute wieder äußerst gefragten »alternativmedizinischen« Methoden fällt beim Besuch der Ausstellung jedoch auf: Die alten »Wenderinnen«, die etwa Warzen wegzaubern konnten, durften für ihre Hilfe kein Geld annehmen.

Adresse Döllnerstraße 3, 4324 Rechberg | Anfahrt über die B124 und die Naarntalstraße nach Rechberg, Weg zum Großdöllnerhof gut beschildert | Öffnungszeiten Mai, Juni, Sept., Okt. Sa, So, Feiertage 13–18 Uhr, Juli, Aug. So, Feiertage 13–18 Uhr, Informationen unter Tel. 07264/4655 | Tipp Einer der markantesten Granitfindlinge des Mühlviertels ist der »Schwammerling« im Ortsteil Winkl bei Rechberg – einfach den Wegweisern folgen.

78 Die Todsündenkanzel

Lieber schön brav bleiben!

Als die Pfarrkirche von Reichenthal zu klein und ein Neubau an ihrer Stelle beschlossen wurde, riss man das alte Gotteshaus nicht sofort ab. Man nutzte es als Baugerüst und baute die neue Kirche einfach über die alte, die erst nach der Fertigstellung ihrer Nachfolgerin demoliert wurde. Entsprechend großzügig fiel der 1890 begonnene Neubau aus: ein lichtdurchfluteter, heller Kirchenraum, dessen heiterer Atmosphäre sich auch der miesepetrigste Historismus-Kritiker nicht entziehen kann.

Ein bisschen schwarze Pädagogik braucht es freilich auch in der freundlichsten Kirche. In Reichenthal sorgt dafür die volkstümlich so bezeichnete »Todsündenkanzel«: Um den Baumstamm, der die Kanzel trägt, windet sich eine siebenköpfige Schlange, deren Gesichter von den sieben »Hauptsünden« gezeichnet sind. Als da wären Faulheit, Hoffart, Geiz, Zorn, Unkeuschheit, Unmäßigkeit, Neid.

Der akademische Maler Michael Rauscher aus Traberg bei Linz gilt als Schöpfer der sieben Köpfe, die vor allem eines zeigen: Sündigen macht hässlich. Das Gesicht des wohl an Syphilis leidenden Unkeuschen ist von Pusteln übersät, die anderen Sünder haben von Neid, Zorn oder Geiz verzerrte Fratzen. Mit Ausnahme der Hoffart sind es übrigens ausschließlich männliche Köpfe, die für die Darstellung der Laster herhalten müssen. Die Unterscheidung in »weibliche« und »männliche« Sünden überzeugt freilich nicht mehr.

Ein kleiner Schnitzer dürfte dem Bildhauer auch beim Faulen unterlaufen sein: Der wirkt beneidenswert tiefenentspannt und scheint für sich die Devise »Wer schläft, sündigt nicht« entdeckt zu haben. Grundsätzliche Zweifel wirft indes die Wahl der Karikatur als pädagogisches Mittel zum Zweck der Verunsicherung des Betrachters auf. Sie funktioniert als solches schließlich nur, wenn der Künstler seinem Publikum ein weiteres Laster unterstellt: Eitelkeit nämlich – offenbar eine lässliche Sünde.

Adresse Marktplatz 30, 4193 Reichenthal | **Anfahrt** auf halber Strecke zwischen Freistadt und Bad Leonfelden, einige Kilometer nördlich der B38 | **Tipp** Das Freilichtmuseum Hayrl im Mühlendorf Reichenthal unterhalb der malerischen Burg Waldenfels zeichnet die Geschichte der Glaserzeugung nach, dazu kommen noch ein Sägewerk, ein Flachs- und Wagnereimuseum sowie eine Uhrenausstellung (Infos und Voranmeldung unter Tel. 07214/700719).

79__Die Ikonen

Licht und Freude im Gräberfeld

Licht auf die Wände und ein Lächeln in die Gesichter bringen – das will der Belgrader Freskomaler Nikola Lubardic mit seiner Kunst. Ungewöhnlich daran ist vor allem das Mauerwerk, das er im Sommer 2021 mit strahlend blauem Licht überzog. Es handelt sich um die serbisch-orthodoxe Kapelle des als »Italienerfriedhof« bekannten Soldatenfriedhofs von Reiferdorf.

Dort befand sich während des Ersten Weltkriegs ein Kriegsgefangenenlager. Bis zu 40.000 Männer, vor allem Soldaten aus Italien, Serbien und Russland, waren hier eingesperrt – und starben zu Tausenden am Fleckfieber, das vor allem durch Läuse übertragen wird.

Über 16.000 hier Begrabene, darunter auch 2.000 Menschen, die beim Transport ins KZ Mauthausen verstarben, machen den Friedhof zu einem der größten seiner Art in Österreich. Die 1.759 italienischen Toten wurden nach dem Weltkrieg in individuelle Gräber gebettet, 8.000 Serben ruhen wie auch die NS-Opfer in Massengräbern.

Ein marmornes Denkmal des Bildhauers Paolo Bondrini, der selbst als Gefangener in Reiferdorf gelebt hatte, erinnert an das vieltausendfache Leid. Besucht wird der Friedhof aber vor allem von italienischen Delegationen. In Österreich, das sich heute nicht mehr unbedingt für den Krieg der alten Monarchie zuständig fühlt, fällt die Erinnerung an den Ersten Weltkrieg generell schwer. Die Schlachtfelder von damals liegen nicht (mehr) auf österreichischem Territorium, die Erinnerung an den Zweiten Weltkrieg ist übermächtig – gerade in Mauthausen.

In Italien und Serbien, woher die hier Begrabenen stammen, spielt das Gedenken an die oft »Großer Krieg« genannte Urkatastrophe des 20. Jahrhunderts eine größere Rolle im kollektiven Gedächtnis. Für nationale Unterschiede, etwa auch beim Stil der Ikonenmalerei, hat der fröhliche Belgrader Maler Nikola jedoch nur ein Schulterzucken übrig. Er will mit seinen leuchtenden Bildern »Freude für jeden« erschaffen.

Adresse Professor-Gerstmayr-Straße 23, 4310 Reiferdorf | Anfahrt vom Mauthausener Zentrum über die Vormarkt- und die Machlandstraße, wenige hundert Meter nach dem Bahnhof dem Wegweiser »Kriegerfriedhof« folgen, etwa 15 Minuten Gehzeit ab Bahnhof Mauthausen | Tipp Fresken kann man auch im Zentrum von Mauthausen im romanischen Karner neben der Stadtpfarrkirche bewundern.

80 Der Dachboden

Die Welt von gestern unter einem Dach

Der staubige alte Kaufmannsladen, die Kiste mit gesammelten Schätzen aller Art, die vergilbten Bücher, die noch immer diesen ganz speziellen Geruch verströmen … Wer auf dem Dachboden im Haus der eigenen Großeltern zu stöbern beginnt, wird leicht von einem Strom der Erinnerungen mitgerissen, der einen weit in die Vergangenheit, zumindest aber in eine wehmütig-nostalgische Stimmung versetzen kann.

Der Dachboden eines Vierkanters hat natürlich besonders viel Platz für derlei Schätze, und doch ist er auch am Salomon-Hof bis in den letzten Winkel vollgeräumt. Verantwortlich dafür ist der 1997 verstorbene Großvater Schinnerl, wie Schwiegerenkelin Elisabeth erzählt, die den Hof heute mit ihrem Mann Stefan bewirtschaftet: »Der Opa konnte halt nichts wegschmeißen.«

Zum Glück hat sich das schon zu seinen Lebzeiten herumgesprochen, sodass viele Nachbarn, die beim Umbauen oder Ausräumen das eine oder andere Stück, das sie dann eben doch nicht wegwerfen wollten, lieber zu Franz Schinnerl brachten. Auf dessen Dachboden entstand so eine Sammlung, die nichts Geringeres darstellt als das Gedächtnis eines ganzen Landstrichs: vom zwiespannigen Bett bis zur Feuerwehrkutsche, von der Schoberform bis zur hofeigenen Schmiede, vom Beetpflug bis zum Grammofon. Der zum Heimatmuseum gewordene Dachboden zeigt, wie mühevoll der Alltag einst gewesen ist und wie viel Erfindungsreichtum Generation um Generation darauf verwendet hat, ihn zu erleichtern. Nicht zuletzt wurde ein großer Teil des Hausrats und der Werkzeuge, die hier präsentiert werden, von Opa Schinnerl persönlich hergestellt, der ein begnadeter Handwerker gewesen sein muss. Nirgendwo könnten all die Gegenstände besser ausgestellt werden als an dem Ort, an dem sie einst im Einsatz waren. Nicht nur ein nostalgischer Geist durchweht diesen besonderen Dachboden, sondern auch der Genius Loci.

Adresse Riegl 8, 4283 Bad Zell | Anfahrt von Pregarten bzw. der Mühlkreisautobahn kommend kurz vor Bad Zell von der B124 links in Richung Riegl abzweigen, dem Wegweiser »Salomons Dachboden« folgen | Öffnungszeiten Besichtigung nach Vereinbarung unter Tel. 0664/88583503 | Tipp Verpassen Sie nicht den Besuch im nahen Hedwigsbründl bei Bad Zell – das radonhaltige Wasser soll schon der fußmaroden heiligen Hedwig im 12. Jahrhundert wieder auf die Sprünge geholfen haben.

81 Die Villa Sinnenreich

Kunstvolle Auszeit für die Sinne

Sind Sie noch ganz bei Sinnen? Gut möglich, dass Sie diese Frage vor dem Besuch der ehemaligen Villa des Lederfabrikanten Wilhelm Poeschl in Rohrbach mit einem klaren »Ja« beantworten. Ob Sie das danach auch noch tun, ist eine andere Frage. In der 2004 zum Museum gewordenen »Villa Sinnenreich« wird das Vertrauen in die eigenen Sinne mit Lust am künstlerischen Experiment auf die Probe gestellt.

50 teils begehbare, teils bewegliche, auf jeden Fall berührbare Exponate laden zur Reise durch eine Welt der Sinneswahrnehmung ein, die zum Staunen bringt, verwirrt und verblüfft. Das beginnt schon beim Mister Ohrlovsky, aus dessen unzähligen Ohren der eigene Herzschlag nach außen dringt, wenn man ihm die Hände gibt – ein seltsames Gefühl, wenn einem plötzlich jedermann zwar vielleicht nicht ins Herz schauen, aber doch horchen kann.

Dafür werden andere Besucher, während sie durch ein kleines Haus im Museum gehen, plötzlich vom Riesen zum Zwerg. Oder nicht? Im »drunken cube« bewegen sich die Gitternetzflächen, die die Wände eines riesigen begehbaren Würfels ausmachen, und mit dem schwankenden Koordinatensystem wird auch das Körpergefühl plötzlich unsicher. Wer sich auf einer nahen Schaukel ausruhen möchte und dabei auf ein Kunstwerk an der Wand blickt, erkennt, dass sich dieses plötzlich zu drehen beginnt – eine optische Täuschung, die »durch die in zwei konzentrischen Kreisen angeordneten Elemente in Sägezahnstellung und die Grauwerte der Schatten an der Peripherie« entsteht, erfährt man.

Und so staunt und experimentiert man sich von Raum zu Raum, stets mit Erklärungen für das Zustandekommen des jeweiligen Effekts versorgt, und wird dabei gleichermaßen verwirrt wie gebildet. Wem das alles zu viel wird, der kann ins »Fühlschiff« klettern und sich dort abgeschottet von allen äußeren Eindrücken wieder ganz auf sich selbst besinnen.

Adresse Bahnhofstraße 19, 4150 Rohrbach-Berg, www.villa-sinnenreich.at | Öffnungszeiten Di–Sa 10–16 Uhr, So, Feiertage 14–18 Uhr | Tipp Die Villa Pöschl gehörte einmal einem Lederfabrikanten, und Leder hat in Rohrbach nach wie vor Tradition. Seit 300 Jahren gibt es die Sattlerei Niedersüß am Stadtplatz 20, in der das alte Handwerk einen hohen Stellenwert hat (www.k-n.at).

82 Das Dreiländereck

So muss Grenze!

Schon bei den alten Babyloniern oder in der Bibel zählte »Grenzfrevel« zu den schlimmsten Verbrechen. Noch in der Neuzeit ging man mit denjenigen, die beim Versuch ertappt wurden, einen Grenzstein zu versetzen, wenig zimperlich um: Manche Rechtsordnungen sahen vor, den Frevler bis zum Kopf an der Stelle des entfernten Grenzsteins einzugraben und die verletzte Grenze danach mit einem geschärften Pflug zu beackern. Auch das Eingraben mit dem Kopf voraus oder das Abhacken von Gliedmaßen waren als Strafen für die eigenmächtige Veränderung von Grenzen vorgesehen, und das in Mitteleuropa. Grenzsteinen wurde mitunter magische Wirkung nachgesagt, wenn sie an einer Stelle standen, an der drei oder vier Gebiete aneinanderstießen – solche Steine sehen heute oft angeknabbert aus, ihr zaubermächtiges Material wurde für den Hausgebrauch abgeschabt.

Dass man Grenzen zu respektieren hat, war jedenfalls allgemein bekannt – und damit reichte es dann auch wieder, jedenfalls die längste Zeit. Zu den erstaunlichsten Passagen in Stefan Zweigs »Die Welt von Gestern« zählt die Empörung des Erzählers über die Notwendigkeit, bei einer Fahrt nach Russland einen Reisepass mitzuführen – wo man es doch gewohnt war, in ganz Europa grenzüberschreitend zu reisen, ganz ohne derartige Lästigkeiten!

Zwei Weltkriege und einige Jahrzehnte der Teilung des Kontinents später haben wir uns gerade erst wieder an das grenzenlose Reisen zumindest in einem Teil Europas gewöhnt. An den Rändern dieser Zone werden unterdessen bereits neue, unüberwindliche Grenzen hochgezogen. Wie ein erstaunlicher Anachronismus steht ein alter Grenzstein im Fichtendickicht des Nordwaldkammwegs zwischen Böhmen, Ober- und Niederösterreich seit 1666 unverändert an seinem Platz. Der Dreiländerobelisk sagte damals alles, was zu sagen war, und tut es noch heute: Hier ist die Grenze, das wissen Sie nun – und jetzt gehen Sie gefälligst weiter.

Adresse 4251 Sandl | **Anfahrt** direkt an der B38 bei Rosenhof, wenige Kilometer östlich von Sandl, Parkplatz vorhanden, Obelisk am besten über die Rosenhofer Teiche und den blau-weiß markierten Nordwaldkammweg in Richtung Karlstift zu erreichen, Gehzeit etwa 45 Minuten | **Tipp** Im Sommer empfiehlt es sich, die Badehose mitzunehmen und nach der Wanderung einen Sprung in den unteren der beiden Rosenhofer Teiche zu wagen.

83 Der Hinterglasmaler

Echte Sandlbilder wie früher, nur ganz anders

Eigentlich waren sie Flüchtlinge. Die Hinterglasmaler waren durch die österreichischen Erbfolgekriege aus ihrer schlesischen Heimat vertrieben worden und nach Böhmen ausgewandert. Von dort zogen sie weiter nach Süden, nach Südböhmen und ins Mühlviertel, wo ausreichend Holz vorhanden war, um Glashütten zu befeuern. Buchers und Sandl wurden zu den bedeutendsten Zentren der Hinterglasmalerei, die in der Mitte des 19. Jahrhunderts ihre Hochblüte hatte. »Sandlbild« war der gängige Ausdruck für ein Hinterglasbild, der bedeutendste Sandler Maler hatte bis zu 8 Lehrlinge und 50 Verkaufsstellen in der ganzen Donaumonarchie. Fahrende Händler sorgten für die Verbreitung der beliebten Bilder.

Um 1900 setzte mit dem Aufkommen immer billigerer Drucke der Niedergang ein. Heute gibt es mit Johann Pum nur noch einen einzigen Hinterglasmaler in Sandl, der die Tradition als Pensionist am Leben erhält. Sein Schwiegervater übernahm einst einen Großteil der Materialien und Werkzeuge des letzten hauptberuflichen Hinterglasmalers Bernhard Thumayer.

Der größte Schatz eines Hinterglasmalers sind die »Risse«, also die Konturen der Bilder, die im ersten Arbeitsschritt von einer Vorlage auf eine Glasplatte übertragen werden. Traditionell sind das sakrale Motive wie Bibelszenen oder Heiligenbilder. Nach wie vor fertigt Johann Pum die typischen Sandlbilder nach den alten Vorlagen an – er überträgt den Riss auf die Glasplatte und malt die Kontur dann aus, die Gesichter überlässt er lieber seiner Frau.

Doch es gibt bei aller Liebe zur Tradition auch Neuerungen: Heutige Kunden bevorzugten individuelle, nach ihren eigenen Vorlagen angefertigte Bilder, erzählt Johann Pum. Sie schicken Fotos von ihrem Haus oder auch vom letzten Urlaub – die in der Werkstätte des letzten Hinterglasmalers zu gleichermaßen modernen wie traditionellen »Sandlbildern« werden.

Adresse Malstube Johann Pum, Sandl 10, 4251 Sandl | Anfahrt von Freistadt über die B38, Atelier im Ortszentrum | Öffnungszeiten auf Anfrage unter Tel. 07944/8208 oder Tel. 0664/2085258 | Tipp Die gotische Filialkirche St. Michael ob Rauchenödt ist ein Pflichtbesuch: Kirche, Flügelaltar und Aussicht sind jeweils für sich den Ausflug wert.

84 Die Hölle

Mit Dante und Strindberg durch die Höllenschlucht

Unwiderstehlich zieht die Schlucht den Wanderer an, auch wenn ihm unheimlich zumute ist. Ein Bockshorn und ein Besen lehnen am Beginn des Wegs an einem Schuppen, und dem Reisenden ist klar, dass die beiden Hexenzeichen nicht zufällig auf ihn warten. Doch er lässt sich nicht aufhalten: »Auf dem feuchten, dunklen und unbequemen Wege dringe ich weiter und komme zu einem Holzgebäude, dessen ungewöhnlicher Anblick mich stutzig macht. Es ist ein langer, niedriger Kasten mit sechs Ofentüren ... Ofentüren! Ihr Götter, wo bin ich denn? Das Bild der Danteschen Hölle, die rotglühenden Särge der Ketzer, steigt vor mir auf – und die sechs Ofentüren!! Ist es ein böser Traum?«

Nun war Strindberg zwar empfänglich für die Schönheit der Mühlviertler Landschaft, fühlte sich bei seinen Aufenthalten am Gutshof der Schwiegereltern in Saxen aber stets unwohl. Als er in der Klamschlucht das Höllentor erblickte, steckte er gerade in einer tiefen Lebenskrise: Er war erfüllt von der Liebe zu seiner kleinen Tochter, die er in ihren ersten drei Lebensjahren kaum gesehen hatte, doch unfähig, die gescheiterte Ehe mit ihrer Mutter noch zu retten. Zudem litt er an Depressionen und Wahnvorstellungen. »Inferno« nannte Strindberg seine Aufzeichnungen aus dem Jahr 1897, als »Inferno-Krise« bezeichnet die Literaturwissenschaft die Lebensphase des Dichters.

Den für das spätere Schaffen des Autors aufschlussreichen Monaten sowie dem Leben seiner Ehefrau Frida Uhl-Strindberg ist in Saxen das einzige Strindberg-Museum außerhalb Schwedens gewidmet. In der nahen Klamschlucht kann man den Spuren des Dichters folgen. Nur den Eingang zur Hölle sucht man vergeblich, das Gebäude wurde längst abgerissen – dem Autor zufolge kein besonderer Verlust: »Nein, gemeine Wirklichkeit; denn ein schrecklicher Gestank, ein Strom von Schmutz und ein Grunzchor belehrt mich alsbald, daß ich einen Schweinestall vor mir habe.«

Adresse Eingang zur Klamschlucht bei der Sturmmühle, Au 10, 4351 Saxen; Museum: Saxen 7, 4351 Saxen | ÖPNV regelmäßige Zugverbindung von Linz und St. Valentin, Museum nur wenige Meter vom Bahnhof entfernt | Anfahrt direkt an der B3 | Öffnungszeiten Klamschlucht stets zugänglich; Museum nach Vereinbarung mit Veronika Kirchner unter Tel. 0664/4568919 | Tipp Am Ende der Höllenschlucht wartet die Burg Clam auf Besucher (www.burgclam.com).

85 Die Important Bird Area

Safari vor der Haustür

Im 20. Jahrhundert übernahm der Mensch das Kommando im »Land des Wassers«: Die Donau wurde begradigt. Nebenarme wurden abgetrennt, Zuflüsse kilometerweit verlagert, Schutzdämme gebaut, Dörfer aufgegeben. Für viele Menschen, die ihre Dörfer verlassen mussten, bedeuteten die Veränderungen individuelle Tragödien. Viele Tierarten hatten die Katastrophe damals längst hinter sich: Die Fisch- und Vogelbestände waren mit der Begradigung des Stroms und der Beseitigung der Aulandschaften über die Jahrzehnte immer weiter zurückgegangen, viele Arten verschwunden.

Dort, wo noch Reste der Auen geblieben sind, ist die zwitschernde Vielfalt umso erstaunlicher. 57 Quadratkilometer des oberösterreichischen Machlands wurden vom Vogelschutzverband BirdLife Österreich als »Important Bird Area« eingestuft. In diesem Vogelschutzgebiet können 200 Arten beobachtet werden, von denen etwa die Hälfte auch hier brüten. Der Rest ist auf der Durchreise. Im Machland befindet sich das größte Vorkommen an Blaukehlchen und das einzige Brutgebiet der Nachtigall in Oberösterreich. Auch Uferschwalben, die ihre Nistlöcher nur in die Böschungen natürlich mäandernder Flüsse bauen, gibt es hier noch, so wie zahlreiche andere Vögel, die von Natur aus nah am Wasser gebaut sind: Flussuferläufer, Flussregenpfeifer, Schilfrohrsänger, Waldwasserläufer und Dutzende mehr.

Wer die Vogelwelt der Donauau entdecken will, muss behutsam vorgehen. Neugierige, die sich auf eigene Faust auf Fotosafari begeben und dabei nistende Vögel bedrängen, können diese dauerhaft vertreiben – auch das ist schon vorgekommen. Ist man jedoch mit einem kundigen Begleiter vom Saxener Naturinformationszentrum unterwegs, kann man mit etwas Glück und ohne Stress auszulösen Eisvogelpärchen beim Fischen beobachten – und eine leise Ahnung vom verlorenen Paradies bekommen, das hier noch in Resten vorhanden ist.

Adresse Naturinformationszentrum, Saxen 8, 4351 Saxen, Tel. 0650/2759660 (Gerald Puchberger), www.entenlacke.com | ÖPNV regelmäßige Zugverbindung von Linz und St. Valentin | Anfahrt direkt an der B3 | Öffnungszeiten Mi 16–18 Uhr, Sa 13–15 Uhr, So 8.30–11.30 Uhr | Tipp Nicht nur für Vögel, auch für Menschen – zumindest für solche, die Pflanzen lieben – gibt es in Saxendorf bei Saxen ein Paradies, jedenfalls ein kleines: die Naturgärtnerei S'Paradieserl.

86 Die Krämerei

Gebt den Kindern das Kommando!

Ist es nicht seltsam, dass Kinder heute noch gern mit Kaufmannsläden spielen, wo es diese im »wirklichen Leben« kaum noch gibt? Der Grund ist einfach: Im kleinen Laden spricht man miteinander. Im Supermarkt ist der Dialog hingegen zur Schrumpfform verkümmert: »Alles?« – »Bankomatkarte.« Viel zu öd zum Nachspielen.

In der Erwachsenenwelt gingen mit den Gemischtwarenhandlungen viele Ortszentren zugrunde. Das Einkaufen findet auf dem Land meist an der Peripherie statt, in immer gleichen Supermärkten mit ähnlicher Auswahl und vielen Parkplätzen davor. Eine für Landschaft und Klima katastrophale Entwicklung, die uns auch direkt schadet. Als soziale Wesen brauchen wir auch die flüchtigen Alltagskontakte, um uns wohlzufühlen. Die paar vermeintlich oberflächlichen Worte, die man beim Einkaufen wechselt, sind ein nicht zu unterschätzender Balsam für die Seele. Wer daran zweifelt, kann ja die Gesichter der Menschen im Supermarkt oder beim Greißler ums Eck – so noch vorhanden – studieren.

Die alte Krämerei in Schenkenfelden war einmal so ein Dorfladen, wenn auch die letzte Pächterin bereits 1953 endgültig zusperrte. 50 Jahre danach öffnete das Geschäft im prachtvollen Gerstlhaus seine Tore wieder – als Krämerei-Museum. Wer es aufmerksam besichtigt, findet darin alles, was eine moderne Greißlerei auch heute funktionieren ließe: zeitloses Design etwa oder eine unverwechselbare Auswahl. Dank guter Kontakte nach Marseille war die Krämerei bekannt für ihre Kolonialwaren. Bei den Öffnungszeiten orientierte man sich an den Kunden und hatte auch am Sonntag geöffnet, wenn die Leute nach der Kirche Zeit zum Einkaufen hatten. Bio, regional und handgemacht waren damals wie heute wichtig, etwa bei den selbst angesetzten Hausmitteln in der integrierten Apotheke. Dass das Einkaufen in so einem Laden Freude macht, versteht jedes Kind. Bei den Erwachsenen ist das nicht so sicher.

Adresse Gerstlhaus, Markt 18, 4192 Schenkenfelden | Anfahrt von Bad Leonfelden über die B38 in Richtung Freistadt, 1. Abzweigung rechts, Gerstlhaus direkt am Marktplatz | Öffnungszeiten Mai–Sept. So 14–17 Uhr | Tipp Fährt man über die alte Reichenthalerstraße zur B38 und dann geradeaus nach Reichenthal weiter, kommt man bei Hinterkönigsschlag 11 an einer Kapelle vorbei. An dieser Stelle wurden je nach Quelle 300 oder 500 Bauern begraben, die hier im Jahr 1626 von kaiserlichen Truppen niedergemacht worden waren.

87 Der Russenstein

Rätselhafte Botschaft aus düsteren Zeiten

Wenig erinnert heute im Mühlviertel an die sowjetische Besatzungszeit von 1945 bis 1955. Natürlich werden Erinnerungen in den Familien weitererzählt, doch außerhalb des geschützten Rahmens spricht man nicht gern über das kollektive Trauma.

Als die Amerikaner das von ihnen befreite Gebiet der Roten Armee übergaben, war der Schrecken groß: Die NS-Propaganda hatte jahrelang ein abstoßendes Bild vom sowjetischen Untermenschen gezeichnet. Wer wusste, wie Wehrmacht und SS in der Sowjetunion gewütet hatten und wie man mit sowjetischen Gefangenen umgesprungen war, fürchtete sich vor der Rache der Roten Armee. Berichte von Plünderungen und Vergewaltigungen eilten ihr voraus.

Während der Rest Oberösterreichs durch den Marshallplan bald nach dem Krieg wieder aufblühte, wurden im Mühlviertel Fabriken demontiert und in Richtung Osten abtransportiert. Dem konservativen Politiker Johann Blöchl gelang es, eine geordnete Zivilverwaltung zu organisieren. »Ich habe nie die russischen Menschen, sondern den Krieg für das Verbrechen der Uniformierten verantwortlich gemacht«, lautete das Rezept des als »Vater des Mühlviertels« verehrten Bauern aus Lasberg. Eines der wenigen Denkmäler der Besatzungszeit hat ein sowjetischer Soldat im Wald bei Schönberg hinterlassen, freilich inoffiziell: den sogenannten Russenstein. »Tod dem Organisator des Krieges« hat der Unbekannte in kyrillischen Schriftzeichen in einen Granitfindling geritzt. Ein ungewöhnlicher Satz, der Fragen aufwirft: Wer ist gemeint? Ist der Satz eher philosophisch zu verstehen, oder richtet er sich an eine konkrete Person? Aber gab es nicht viele, die den Krieg »organisiert« hatten? Waren die nicht ohnehin schon tot? Und warum diese ungelenk-bürokratische Sprache?

Man kann lange über das historische Graffito im Wald grübeln. Anzunehmen ist jedenfalls, dass der Besatzer damit wohl auch den meisten der Besetzten aus der Seele gesprochen hat.

Adresse Schönberg, 4163 Klaffer am Hochficht | **Anfahrt** über die Dreisesselbergstraße nach Klaffer, zum Russenstein entweder auf der dreistündigen Rundwanderung »Kapellenweg« ab Klaffer oder von der Straße Schönberg, Wegweiser am Waldrand, 10 Minuten Fußweg | **Tipp** Ein Denkmal für Johann Blöchl findet man in Wartberg ob der Aist auf dem Weg zur Wenzelskapelle, die in den 1960er Jahren zum Erinnerungsort an die im Krieg Gefallenen des Unteren Mühlviertels umgestaltet wurde.

88 Der Moldaublick

Stifters Seele hinterherbaumeln

»Meine ganze Seele hängt an dieser Gegend«, sagte Adalbert Stifter über seinen geliebten Böhmerwald. Steht man auf dem ehemaligen Weinviertler Ölbohrturm, den die Gemeinde Ulrichsberg im Jahr 1967 auf dem Sulzberg wieder aufbauen ließ, versteht man den großen Sohn der Gegend selbst dann, wenn man den Böhmerwald noch nie betreten hat. Die weite Landschaft, die sich dem Blick öffnet, ist eine Sehnsuchtslandschaft auf den ersten Blick.

Errichtet wurde der Turm jedoch für Menschen, deren Sehnsucht handfestere Gründe hatte. Die Vertriebenen, die immer wieder nach Schöneben kamen, sollten von hier aus wenigstens einen Blick über den Zaun werfen können, der sie viele Jahrzehnte lang unerbittlich von der alten Heimat fernhielt. Wie es sich anfühlte, über den Eisernen Vorhang hinweg auf die zuerst verlassenen, dann zerstörten Dörfer zu schauen, von denen ein Teil dann noch in den Fluten des Moldaustausees versank, ist eine andere Frage.

Der See entstand 1959, als die Moldau zum Schutz der Stadt Krumau vor Hochwasser und zur Stromgewinnung aufgestaut wurde, und ist heute im Sommer ein wichtiger Tourismus-Magnet. Bis 1989 war er Teil des Eisernen Vorhangs, die Mitte des Sees zu überqueren war verboten. Einer seiner Zipfel von etwa 1.000 Quadratmeter Fläche liegt auf österreichischem Staatsgebiet.

Der Stausee hat nicht nur die Dörfer an seinem Ufer geschluckt, sondern auch die »träge silberne Schlange«, als die Adalbert Stifter die Moldau einst bezeichnete. Unmöglich, hier nicht an Stifters Zeitgenossen Bedřich Smetana zu denken, den Komponisten der sinfonischen Dichtung »Mein Vaterland«, deren berühmtestes Stück »Die Moldau«, auf Tschechisch »Vltava«, ist. Der Stausee kommt darin natürlich nicht vor. Doch heute sind sie dort alle vereint: Die drei Schiffe der Lipno-Line, die die Orte am Stausee verbindet, heißen »Smetana«, »Adalbert Stifter« und »Vltava«.

Adresse Schöneben 12, 4161 Ulrichsberg | Anfahrt über die Dreisesselbergstraße nach Ulrichsberg, dort rechts auf die Moldaustraße bzw. Glöckelberger Bezirksstraße abbiegen, beim Nordischen Zentrum wieder rechts und dem Wegweiser folgen | Öffnungszeiten April–Nov. je nach Schneelage | Tipp Am schönsten lässt sich der Moldaustausee per Ausflugsschiff erkunden (www.lipno-line.com).

89 Das Hochwaldsterben

Tod und Wiedergeburt eines Urwalds

Vielleicht hätte Adalbert Stifter, der die deutsche und die slawische Geschichte seiner südböhmischen Heimat bis in ihre feinsten Verästelungen kannte, mit der Namensgebung ja seine Freude gehabt: »Kyrill« lässt an den altslawischen Missionar denken, nach dem auch das Alphabet einiger ost- und südslawischer Sprachen benannt ist. Vom Hochwald jedoch, dem Stifter viele hundert Seiten seines Werkes gewidmet hatte, ließ Orkan Kyrill im Jahr 2007 nicht viel übrig. Über die traurigen Reste freuten sich die Borkenkäfer.

Auf der bayerischen und der österreichischen Seite der Grenze, die den Böhmerwald auf drei Staaten aufteilt, reagierte man mit Kahlschlägen, um die Schädlingsplage aufzuhalten – in Tschechien jedoch ist der Wald ein Biosphärenreservat, was Baumfällungen im großen Stil unmöglich macht. Erklimmt man also von Schwarzenberg kommend, vorbei an den Felstürmen der »Teufelsschüsseln«, den Plöckenstein, so steht man plötzlich einem Wald aus lauter toten Bäumen gegenüber. Er wirkt wie eine Illustration des Waldsterbens, vor dem im späten 20. Jahrhundert gewarnt wurde.

An der Grenze entlang, zwischen den kahlen österreichischen und den von Baumruinen gezeichneten tschechischen Abhängen des Bergrückens, geht es in Richtung Gipfelkreuz und von dort zum Aussichtspunkt über dem Plöckensteiner See – der liegt zwar auf tschechischem Gebiet, doch wäre eine Wanderung auf den höchsten Gipfel des Mühlviertels nicht vollständig, ohne dem Dichter des Böhmerwaldes die Reverenz zu erweisen. Hoch über dem See steht ein ihm zu Ehren errichteter Obelisk. »Auf diesem Anger, an diesem Wasser ist der Herzschlag des Waldes«, schrieb der Dichter.

Vom einstigen »Waldesblau« des Bergmassivs, in dessen Herz laut Stifter »seit der Schöpfung noch keine Axt erklungen« ist, mag derzeit wenig zu sehen sein. Dafür kündet das zarte Grün junger Fichten schon vom Entstehen eines neuen Hochwalds.

Adresse Parkplatz: Schwarzenberg am Böhmerwald 125, 4164 Schwarzenberg | Anfahrt über die Dreisesselbergstraße nach Schwarzenberg, Parkplatz oberhalb des Ortszentrums in Oberschwarzenberg, zu Fuß etwa 2,5 Stunden über einen gut markierten Wanderweg zum Gipfel | Tipp Das Schwarzenberger Heimatmuseum ist neben der Glaskunst vor allem Adalbert Stifter gewidmet – mit zahlreichen Hör- und Leseproben sowie einem Stifter-Hologramm (Besichtigung nach Voranmeldung unter Tel. 07280/25525).

90_Die Straße

Der wichtigste Straßenname des Mühlviertels

Vier senkrechte Striche, ein waagrechter. Die bewährte Methode, bei einer großen Datenmenge den Überblick zu behalten, beruht auf der Zahl Fünf. Sie kommt von den fünf Fingern, die wir an jeder Hand haben.

Auf viele helfende Hände zählte auch die SS, als sie die Bevölkerung dazu aufrief, bei einer Menschenjagd mitzumachen: 500 sowjetische Offiziere hatten am 2. Februar 1945 angesichts des sicheren Todes einen tollkühnen Ausbruchsversuch aus dem KZ Mauthausen gewagt. 300 schafften es über die Lagermauern, die wenigsten kamen über einen Radius von acht Kilometern hinaus.

Eine lange Liste mit immer vier senkrechten und einem waagrechten Strich, eingraviert in eine Steintafel vor der Kirche von Ried in der Riedmark, erinnert heute an die Mühlviertler Menschenhatz, die von der SS euphemistisch »Hasenjagd« genannt wurde. Aufgegriffene Häftlinge wurden meist an Ort und Stelle erschlagen, die Leichen nach Ried gebracht und registriert. Nur vier Hände braucht es, um die Überlebenden zu zählen: Höchstens 20 der Geflohenen überlebten – die genaue Zahl ist unklar, da sich sowjetische Kriegsgefangene aus Angst vor Repressionen im stalinistischen System nicht immer zu erkennen gaben.

Zwei von ihnen wurden 1962 ausgeforscht: Nikolaj Cemkalo und Michail Rybtschinskij. Sie klopften in der zweiten Nacht ihrer Flucht an die Tür des Bauernhofs der Familie Langthaler in Winden bei Schwertberg. Fünf Söhne der Familie waren selbst im Krieg. Als Maria Langthaler die beiden Hilfesuchenden ins Haus ließ, hatte ihr Mann Johann angesichts der Gefahr für die ganze Familie Bedenken, aber keine Antwort auf die Frage: »Und was, wenn unsere Buben Hilfe brauchen würden?« Eine Straße in Schwertberg erinnert heute an die lebensrettende Zivilcourage der Maria Langthaler. Es sollten mehr sein.

Adresse Maria-Langthaler-Straße, 4311 Schwertberg | **Anfahrt** über die B3 bis Aisting, den Wegweisern nach Schwertberg folgen, im Ort in Richtung Friedhof fahren, nach dem Friedhof rechts in die Maria-Langthaler-Straße | **Tipp** Vier Kilometer westlich befindet sich der Gedenkstein von Ried in der Riedmark, weitere vier Kilometer Luftlinie sind es zum KZ Mauthausen (www.mauthausen-memorial.org).

91 Die Böhmerwaldschule

Die hohe Schule der Grenzüberschreitung

Sonnenwald, das sind ein paar alte Häuser, ein Stück Schwemmkanal, eine Jausenstation und ein paar von Unkraut überwucherte Steinhaufen. Die findet man überall dort, wo Häuser zu nahe an, auf oder jenseits der Grenze standen, die jahrhundertelang kaum jemand beachtet hatte. Wo in unseren Tagen die Wolfskapelle einsam mitten im Wald an einem Fußweg liegt, ging einmal ein Hauptverbindungsweg zwischen den Kronländern vorbei. Der Waldweg von heute war eine bedeutende Handelsroute.

Mit dem Hochziehen des Eisernen Vorhangs wurde ein Teil von Sonnenwald dem Erdboden gleichgemacht. Es braucht ortskundige Führer, um Gebäude wie die ehemalige Schmiede wenigstens vor dem inneren Auge wieder aus den Ruinen auferstehen zu lassen. Und die gibt es auch: Die Böhmerwaldschule bietet Exkursionen an, bei denen man der Geschichte des Gebiets mit den Füßen nachspüren kann. Sowohl die Gruppen als auch die Leiter der Ausflüge sind dabei zweisprachig, die Grenze ist schließlich von beiden Seiten ein Faszinosum.

Über die Grenze gehen hier vor allem aber Kinder, die mit ihren Lehrern Kurse im zur »Böhmerwaldschule« gewordenen ehemaligen Forsthaus buchen. Dabei können sie etwa bei Barfußwanderungen durch schlammiges Terrain ihre eigenen Grenzen zumindest ein Stück weit hinausschieben, Waldtheater spielen oder Waldgeister aus den Requisiten herstellen, die sie in der Umgebung finden. Natürlich werden auch Pflanzen wie die Rotfrüchtige Säulenflechte erforscht oder mit Ästen ein paar Runden Waldmikado gespielt. Auch für Erwachsene bietet die seit 1999 bestehende Schule ein abwechslungsreiches Kursprogramm: Man kann unter fachkundiger Anleitung Kräuterwanderungen unternehmen, Pechsalbe kochen lernen oder mit Schneeschuhen eigene Spuren hinterlassen, wenn diejenigen, mit denen die Geschichte das Gebiet übersät hat, unter einer dichten Schneedecke versteckt sind.

Adresse Sonnenwald 17, 4161 Ulrichsberg, Tel. 0676/3010997 | Anfahrt von Ulrichsberg über die Glöckelberger Bezirksstraße, unmittelbar vor dem Grenzübergang rechts nach Sonnenwald abbiegen | Öffnungszeiten Kursprogramm unter www.boehmerwaldschule.at | Tipp Früher gingen die Kinder aus Sonnenwald in Glöckelberg in die Schule, doch der Ort gleich hinter der Grenze wurde bei Errichtung des Eisernen Vorhangs zerstört. Erhalten beziehungsweise restauriert und sehr sehenswert sind der Friedhof und die Kirche.

92__Der Klausteich

Wo sich Mühl- und Waldviertel Gute Nacht sagen

Man könnte glauben, plötzlich in Kanada gelandet zu sein, so weitläufig sind die Wälder, so menschenleer ist der Landstrich an der Grenze zwischen Mühl- und Waldviertel. Einem verirrten Wanderer wäre dieser Umstand beinahe zum Verhängnis geworden. Zum Dank für seine Rettung spendete er ein Bild, das heute in einer kleinen Kapelle am Rand der Straße in Richtung Arbesbach hängt. Es zeigt ein Kind, das von einem Schutzengel aus dem Wald geführt wird, darüber schweben die Heilige Dreifaltigkeit, Maria und Josef. Die Begebenheit, deren nähere Umstände längst vergessen sind, hat sich vor knapp 400 Jahren zugetragen – die Kapelle stammt aus dem Jahr 1655 –, doch an der Einsamkeit der Gegend hat sich seither nicht allzu viel geändert. Nur am Dreifaltigkeitssonntag, dem ersten Sonntag nach Pfingsten, ist hier mehr los, da wird bei der Kapelle ein Kirtag gefeiert.

Und auch an heißen Sommertagen geht es manchmal lebhaft zu: Menschen auf der Suche nach Erfrischung parken ganz in der Nähe der Kapelle mit dem Dreifaltigkeitsbild und machen sich zu Fuß in den Wald auf, bewaffnet mit Bade- und Picknickausrüstung. Nach etwa 500 Metern erreichen sie ihr Ziel: den Klausteich, durch den die Grenze zwischen Ober- und Niederösterreich verläuft. Der Teich mit dem sauberen, wegen seines Humusgehalts allerdings etwas bräunlichen Wasser verdankt dem weitläufigen Waldgebiet seine Existenz. Ursprünglich wurde er als Schwemmteich angelegt, in dem die Holzernte vor dem Flößen gesammelt wurde.

So erfrischend ein Bad mitten im Wald im Sommer ist, so schön ist der Klausteich als Ausflugsziel außerhalb der Badesaison, wenn er ganz den Fischern und einigen wenigen Wanderern gehört – und unzähligen Fröschen und Libellen. Nur der eine oder andere aus dem Wasser ragende Granitblock erinnert an solchen stillen Tagen daran, dass wir hier im Mühlviertel sind. Und nicht in British Columbia.

Adresse Greiner Straße, 4372 St. Georgen am Walde | Anfahrt von St. Georgen und Linden über die Greiner Straße in Richtung Arbesbach, am linken Straßenrand kurz vor der Kapelle zum Eisernen Bild Hinweistafel auf den Fußweg zum Klausteich | Tipp Nicht nur das berühmte Schlingrippengewölbe der Pfarrkirche, sondern auch das mit Liebe zum Detail eingerichtete Heimat- und Handwerksmuseum von Königswiesen am Marktplatz 34 ist einen Besuch wert (Besuch nach Voranmeldung unter Tel. 07955/625522).

93_Die Symbiose

Willkommen auf Österreichs kleinstem Bauernhof

Man kennt das Motiv aus alten Sagen oder modernen Fantasyfilmen: Eine Figur beugt sich über ein Mauseloch oder kommt einem geöffneten Koffer zu nahe – und wird unversehens in die Öffnung hineingesaugt, um in einer von außen nie vermuteten Welt zu landen. Julia und Markus Scharner ging es auch so. Eines Tages hatte das junge Ehepaar die Idee, doch einmal eigene Pilze zu züchten, nach dem Motto »Probier ma halt ein Sackerl«.

Das vermeintlich harmlose Sackerl hatte es in sich: Eine verborgene Welt tat sich den beiden mit einem Mal auf. Pilze bilden ein lebensnotwendiges Netzwerk im Waldorganismus. Sie zersetzen Holz, mit dem weder Pflanzen noch Tiere etwas anfangen können, und machen es so erst als wertvolles Eiweiß für andere Lebewesen verfügbar. In der traditionellen chinesischen Medizin spielen sie eine wichtige Rolle, und nicht zuletzt bieten sie vom Kräuterseitling bis zum Igelstachelbart eine geschmackliche Vielfalt, die ihresgleichen sucht.

Julia und Markus hatten gerade den Bauernhof von Julias Eltern übernommen und sich zum Ziel gesetzt, die Landwirtschaft wieder im Vollerwerb zu betreiben, und zwar ökologisch und ressourcenschonend. Das Sackerl mit den Pilzen kam da gerade recht. 100 Quadratmeter beträgt in Österreich die kleinstmögliche Fläche, um einen landwirtschaftlichen Betrieb anzumelden. Genauso groß ist auch der alte Mostkeller des Bauernhofs.

Mittlerweile produzieren die beiden dort an die 300 Kilogramm Pilze pro Woche. Ihre Produkte verkaufen sie an die Gastronomie, an ausgewählte Bioläden und ab Hof. Auch wenn die Symbiose gut läuft, denken die beiden schon an die Zukunft, an seltene Nutztierrassen und an Hecken, denen als Lebensraum oft zu wenig Beachtung geschenkt wird. Und sie wollen ihre Idee weiter in die Welt tragen: Pilze wachsen nicht nur in alten Mostkellern, sondern auch auf Reisstroh oder Bananenblättern.

Adresse Am Mosberg 3, 4222 St. Georgen an der Gusen | **ÖPNV** mit der Bahn ab Linz Hauptbahnhof, vom Bahnhof zu Fuß gut erreichbar | **Anfahrt** von Linz über die B3 bis Luftenberg, den Wegweisern nach St. Georgen folgen, vor der Eisenbahnbrücke links in den Derntlgraben einbiegen, den Schildern folgen | **Öffnungszeiten** Hofverkauf jeden Fr ab 13 Uhr sowie nach Voranmeldung unter Tel. 0664/2561870 | **Tipp** Wenn es doch einmal Steak statt Kräuterseitling sein soll, dann am besten vom nahen Katsdorfer Bauernhof Diwold (www.diwold.at).

94 Die älteste Brauerei

Granitbier, what else?

»Mach uns ein Granitbier!«, lautete der Auftrag, den Peter Krammer zur Eröffnung der Plöckinger Erlebniswelt Granit im Jahr 1999 erhielt. Das Problem: So könnte man im Mühlviertel eigentlich jedes Bier nennen.

Krammer hatte im Jahr zuvor die Führung der ältesten Brauerei Österreichs von seinem Vater übernommen. Schon 1449 wurde hier Bier gebraut. Der junge Brauherr recherchierte, dass die Steinbrecher früher kräftige, dunkle Biere tranken. Wahrscheinlich schmeckten diese rauchiger als heutige Biere, da das Malz am offenen Feuer gedarrt wurde. Er braute also ein bernsteinfarbenes Bier mit geröstetem Malz und deutlichen Karamellnoten. Renner wurde es keiner – die Kunden fanden es zu stark –, doch Krammer hatte Feuer gefangen. Als Nächstes ließ er Starkbier im Granitbottich gären und tauchte Granitbrocken, die im offenen Feuer zum Glühen gebracht worden waren, in den Sud – der besonders runde, karamellig-rauchige Granitbock war erfunden.

Er wird im alten Sudhaus von 1929 hergestellt, wo der Braumeister mit historischen Gerstensorten arbeitet, die er nach Jahrzehnten wieder im Mühlviertel anbauen lässt. Für Biere nach historischem Vorbild wie sein »Heines Altes Lager« ist es ihm wichtig, mit möglichst vielen historischen Parametern zu arbeiten.

Neben der konsequenten Pflege der Tradition widmet sich Peter Krammer der Modernisierung seiner Brauerei. Er entwickelt laufend neue Biersorten, verwendet dabei auch einmal Honig oder Kürbis, und eröffnete 2015 ein nagelneues Sudhaus. Die richtige Mischung aus Traditionsbewusstsein, Experimentierfreude, glühender Begeisterung und granitener Sturheit machte sich bezahlt: 20 Jahre nach seiner Erfindung ist das einst geschmähte Granitbier heute das meistverkaufte der Brauerei. Der Granitbock wurde von Gault & Millau zum Bier des Jahres 2021 auserkoren. Tradition ist eben nicht die Anbetung der Asche, sondern die Weitergabe des Feuers.

Adresse Adsdorf 5, 4113 St. Martin im Mühlkreis, www.hofstetten.at | Anfahrt über die B127 an St. Martin vorbei, dem grünen Wegweiser nach links zur Hofstettner Brauerei folgen | Öffnungszeiten Ab-Hof-Verkauf: Mo–Fr 8–12 und 13–17 Uhr, Sa 8–12 Uhr, Informationen zu Brauereiführungen unter Tel. 07232/22040 | Tipp Der ehemalige Kettenturm des Schlosses Neuhaus in Untermühl bei St. Martin wurde durch eine Aussichtsplattform zum lohnenden Ausflugsziel.

95__Die Steilstufe

Spaziergang zum Mühlviertler Weltwunder

Als das Wasser bergauf floss, sprach man von einem Weltwunder. Über die Wasserscheide hinweg schwammen Baumstämme aus dem Böhmerwald plötzlich in Richtung Donau. Wie konnte man der Natur ein derartiges Schnippchen schlagen?

Verantwortlich dafür war Fürst Schwarzenberg. Der hatte allen Grund dazu, das vermeintliche Wunder zu ermöglichen. Er besaß 24.000 Joch Wald in Südböhmen, etwa 12.000 Hektar. Ein enormer Wert im späten 18. Jahrhundert, als die Städte, insbesondere die Reichshaupt- und Residenzstadt Wien, unter Brennholzmangel litten. Nur konnte der Fürst sein Holz nicht verkaufen. Der einzige Weg, es aus dem noch nie gerodeten Urwald zu schaffen, war das Flößen. Die Moldau war dafür wegen ihrer Stromschnellen ungeeignet. Und zur Donau kam er wegen der Wasserscheide nicht. Bis der junge Ingenieur Joseph Rosenauer im Jahr 1775 Pläne vorlegte, wie es doch gelingen könnte. Sein Joker: der Plöckensteiner See auf über 1.000 Meter Höhe. Wenn man dessen Wasser in einen Kanal leitete, der das sanfte Gefälle vom Böhmerwald bis hinunter zur Großen Mühl ausnützt, sollte das Schwemmen nach Wien möglich sein. Ein kühner Plan, der riesige Gewinne versprach. Der Fürst war einverstanden. 1791 ging der erste Abschnitt in Betrieb, 1824 war der gesamte Kanal von über 50 Kilometer Länge vollendet. Bis zu 800 Arbeiter sorgten entlang der Strecke dafür, dass sich die Stämme nicht verkeilten. 8 Millionen Raummeter Holz wanderten aus dem Böhmerwald in die Öfen der Wiener. Ein unvorstellbarer Betrieb muss damals geherrscht haben.

Heute liegt der schönste Abschnitt des Kanals, die Steilstufe bei St. Oswald, in einem tiefen Dornröschenschlaf. Nur das Wasser fließt wie damals ungerührt den Kanal hinunter. Ob es nun in der Donau landet oder in der Moldau, ist im Grunde egal – es ist ohnehin Teil eines riesigen Kreislaufs, der menschliche Weltwunder recht winzig aussehen lässt.

Adresse markierter Rundweg ab Ortsplatz, 4170 St. Oswald bei Haslach | **Anfahrt** von Haslach über die Schlägler Bezirksstraße bis Damreith, dann weiter über die Galgenberg Bezirksstraße und Almesberg nach St. Oswald | **Tipp** Auf dem Weg von Haslach kommt man in Damreith an der Kräuter- und Bienenhütte der diplomierten Kräuterpädagogin Margit Sigl vorbei. Hier gibt es allerlei selbst gemachte Köstlichkeiten zu kaufen, man kann Kräuterwanderungen buchen oder auf eine »Pfostenjause« einkehren (Tel. 0650/2644489).

96_Das Pedacola

Gesund ist es auch noch!

Seit der Antike wurde sie als Heilmittel gegen Harnsteine, Haarausfall und Hämorrhoiden eingesetzt. Im englischen Sprachraum ist sie wegen ihrer aphrodisierenden Wirkung als »maiden's ruin« – also in etwa »Jungfernverderb« – bekannt. Der Effekt soll allerdings schnell verfliegen. »Kiss me quick and go« lautet ein weiterer volkstümlicher Name der Pflanze. Auf Deutsch heißt sie weniger poetisch Eberraute, mancherorts auch Kuttelkraut. Auf das prägnant herbe Aroma des alten Heilkrauts weist ein modernerer Name hin, unter dem man es auch in Gärtnereien kaufen kann: Colastrauch.

Peter Leitner, gelernter Koch aus St. Thomas am Blasenstein, hatte bereits verschiedene kulinarische Stationen in der gehobenen Küche absolviert und arbeitete gerade in Linz, als er auf die Eberraute stieß. Selbst hergestellte Sirups und Limonaden waren gerade stark im Kommen. Der Mühlviertler Koch dachte schon länger darüber nach, eine regionaltypische Limonade zu entwickeln, und begann, mit der Eberraute zu experimentieren. Angesichts ihres schwer zu zähmenden, schnell unangenehm bitteren Aromas kein leichtes Unterfangen: Zwei Jahre dauerte es, bis das Resultat zufriedenstellend war. Dann war es allerdings so gut, dass Leitner 2015 beschloss, sich mit seiner Limonade – Pardon: seinem Cola – selbstständig zu machen. Zwölf Mühlviertler Biobauern liefern heute die benötigte Menge an Eberrautenzweigen, dazu kommen Zutaten wie Zitronen- und Limettensaft sowie Vanille. Wie der verwendete Rübenzucker mittlerweile alles in Bio-Qualität.

Das Rezept des koffeinfreien Sirups, den man zu Hause selbst mit Mineral- oder Sodawasser aufspritzen kann, ist natürlich geheim. Dafür kennt Peter Leitner zahlreiche Rezepte, mit denen man ein ganzes Menü vom Aperitif bis zum Dessert (»Peda Cotta«) mit Pedacola-Begleitung gestalten kann – nur für den Fall, dass mehr als »Kiss me quick and go« geplant ist.

Adresse erste Anlaufstelle für Pedacola und weitere Produkte Peter Leitners: der von einem Verein betriebene Nah&Frisch, Markt 18, 4364 St. Thomas am Blasenstein, www.pedacola.at | **Öffnungszeiten** Mo–Mi, Fr 7–12 und 15–18 Uhr, Do, Sa 7–12 Uhr, So 8–11 Uhr | **Tipp** Eine im Unteren Mühlviertel weit verbreitete Heil- und Würzpflanze ist der »Quendel« genannte Wilde Thymian. Im nahen Bad Zell gibt es im Hofladen der Familie Hunger neben Quendelkeksen auch Quendelsirup (www.bioberghof.at).

97__Die Ruine Klingenberg

Wenn Steine zu sprechen beginnen

Vielleicht waren die Herren von Wallsee schuld, die den Bergfried im frühen 14. Jahrhundert um zwei Etagen erhöhten. Oder der Wiener Bürger Lorenz Schütter, der die alte Ritterburg 1588 kaufte, zu einem für seine Schönheit weithin gerühmten »Gschloss« im Renaissancestil umbauen ließ und den Bergfried um zwei weitere Etagen aufstockte. Vielleicht hätte der Blitz aber auch so eingeschlagen. Im Jahr 1700 jedenfalls brannte Klingenberg nach einem fatalen Gewitter völlig aus. 1855 stürzte der Bergfried dann auch noch größtenteils ein, nur zwei ramponierte Mauern ragten noch in den Himmel.

Wie das Schloss Dornröschens verschwand das einst so stolze Bauwerk aus dem Blickfeld. Dichter Wald umgab die Mauerreste, für die sich niemand zu interessieren schien. Bis auf den Bad Zeller Arzt Josef Strasser, der 2013 einen Verein zur Erhaltung Klingenbergs gründete und seither an der Erfüllung seines Lebenstraums arbeitet, die Ruine für die Nachwelt zu erhalten. In über 10.000 penibel aufgezeichneten freiwilligen Arbeitsstunden rodeten Strasser und seine Helfer den dichten Wald um die Ruine und sicherten die Mauern gegen ihren weiteren Verfall. Sie räumten Tonnen von Schutt beiseite, die sich zwischen den stehen gebliebenen Mauern gesammelten hatten, und legten auch die acht Meter tiefe Zisterne der Burg frei, die vor 800 Jahren direkt in den Fels aus Weinsberger Granit gemeißelt wurde, auf dem die ganze Anlage steht.

In einem kleinen Steinhäuschen, das bis zum Ersten Weltkrieg bewohnt war, wird anhand von Modellen die Geschichte der heutigen Ruine Klingenberg gezeigt. Man kann sich diese aber auch von ihren Steinen erzählen lassen, den romanischen Quadern, den gotischen Bruchsteinen und den Ziegeln aus der Renaissance – für einen Basiskurs in deren Sprache sorgt bei einem Rundgang der Vereinsobmann, der ein entfernter Nachfahre eines der Burgherren ist.

Adresse Untermaselsdorf 9, 4364 St. Thomas am Blasenstein | **Anfahrt** über den Güterweg Maseldorf, der von der Straße zwischen St. Thomas und Pabneukirchen abzweigt, bis zu einem gelben Wegweiser bei einem Bauernhaus, von dort circa 25 Minuten zu Fuß | **Öffnungszeiten** Besichtigung nur nach Voranmeldung bei Josef Strasser unter Tel. 0664/1755520 | **Tipp** Verpassen Sie nicht die Gelegenheit, in St. Thomas am Blasenstein durch die »Buckelwehluck'n« zu schlüpfen. Auch die Fernsicht ist von dort großartig.

98 Das Hopfenmuseum

Hoffnung für den Hopfen

1.000 Hektar Hopfen ließen die Nationalsozialisten im Mühlviertel roden. Die einem detaillierten Vierjahresplan unterworfene Landwirtschaft in Hitlers Reich sah andere Gebiete für den Hopfenanbau vor, der im Mühlviertel nun untersagt wurde. Ein schweres Erbe, das bis heute nachwirkt: Noch immer müssen drei Viertel des in Österreich benötigten Hopfens importiert werden. Inzwischen ist das Mühlviertel aber wieder eines von drei Hopfenanbaugebieten Österreichs. Auf mehr als 100 Hektar Fläche wachsen wieder Hopfenstöcke im Land nördlich der Donau.

Sieben Hektar davon baut Helmut Allerstorfer auf dem familieneigenen Hof an, den sein Vater Alfred 2005 zum »Hopfenerlebnishof« gemacht hat, mit einem auf die Küche mit Hopfen spezialisierten Gasthaus und einem kleinen, aber sehenswerten Museum. Darin werden die Besonderheiten der Hopfenpflanze, die Arbeit auf dem Hof und der Weg vom Hopfen zum Bier dargestellt.

2021 übernahm Helmut den Hof, den arbeitsintensiven Hopfenanbau und auch das Museum, das er schrittweise modernisiert. Pro Hektar wachsen etwa 4.000 Pflanzen, die etwa 450 Arbeitsstunden benötigen, rechnet der junge Hopfenbauer vor. 40 bis 60 Triebe bildet jeder Stock im Frühjahr aus, benötigt werden nur 4 bis 6. Überschüssige Triebe werden abgeschnitten, die verbliebenen im Uhrzeigersinn um einen sieben Meter langen Draht geführt, damit sie sich anhalten können. »Man verbringt sehr viel Zeit auf den Knien!«, erklärt Helmut Allerstorfer. Der Wind kann Pflanzen von den Drähten reißen, außerdem müssen laufend nicht benötigte neue Triebe ausgeschnitten werden. Das klingt alles nach einer ziemlichen Plackerei, aber man merkt dem Hopfenbauern bei jedem Satz an, wie sehr ihn die Arbeit mit seinen sechs Sorten Aroma- und Bitterhopfen erfüllt. »Der Hopfen will jeden Tag seinen Herrn sehen«, lautet eine typische Hopfenbauernweisheit. Umgekehrt ist es eindeutig genauso.

Adresse Pehersdorf 7, 4116 St. Ulrich im Mühlkreis | Anfahrt über die B127 und die Haslacher Bezirksstraße, bei Hötzeneck dem Wegweiser zum Hopfenmuseum folgen | Öffnungszeiten Führungen nach Voranmeldung unter Tel. 0664/2342641 | Tipp Der Hopfenerlebnishof ist auch Ausgangspunkt des 13 Kilometer langen Hopfensteigs, einer gemütlichen Wanderrunde durch das Anbaugebiet.

99_Die Okimonos

From Japan via Prussia with Love

»Okimono« nennt man in Japan nur wenige Zentimeter große Kunstwerke aus Holz, Elfenbein, Keramik oder Metall. Oft stellen sie kleine Alltagsszenen dar, im Gegensatz zu den bekannteren Netsuke werden sie zu rein dekorativen Zwecken angefertigt. Wie kommt nun eine besonders schöne Sammlung solcher Okimonos ins alte Steyregger Schloss?

Die Geschichte dieser Sammlung beginnt im Jahr 1867. Ein japanischer Adelsspross namens Aoki Shūzō erhielt damals die Erlaubnis, zum Medizinstudium nach Deutschland zu gehen. Die gewaltsame Öffnung Japans für den Handel durch amerikanische Kanonenboote lag erste wenige Jahre zurück, jahrhundertelang war eine niederländische Handelsniederlassung auf einer künstlichen Insel das einzige Tor des Shogun-Reiches zur Welt gewesen.

Aoki erwies sich als aufmerksamer Beobachter, der sich allerdings mehr für Politik und Wirtschaft als für Medizin interessierte. Da er in einem seiner Berichte den Ausgang des Deutsch-Französischen Krieges präzise vorhergesagt hatte, wurde man in seiner Heimat auf den begabten jungen Mann aufmerksam. Aoki wurde Diplomat und später Außenminister. Er heiratete eine deutsche Adelige und erzog seine Kinder zweisprachig. Als sich seine Tochter Hanna Aoki in den deutschen Militärattaché in Japan, den Grafen von Hatzfeldt zu Trachenberg verliebte, gab es in dessen Familie Vorbehalte. Schließlich stammte man aus uralter christlicher Familie mit besonderer Nähe zum Kaiserhaus. Nun, Aoki Shūzōs Familie konnte mit ähnlichen Qualitäten aufwarten. Es kam zur Hochzeit. 1906 wurde die Tochter des preußisch-japanischen Paares, Hissa Elisabeth Natalie Olga Ilsa, geboren. Sie war die Großmutter des heutigen Schlossherrn, der sowohl das preußische Gardemaß als auch die Liebe zur Kultur seiner japanischen Vorfahren geerbt hat. Und eine Sammlung japanischer Kunst, die auf seinen Urgroßvater zurückgeht: Aoki Shūzō.

Adresse Schlossberg 1, 4221 Steyregg | **Anfahrt** über die B3 nach Steyregg, direkt oberhalb des Ortszentrums, gut beschildert | **Öffnungszeiten** Besichtigung nur auf Anfrage unter Tel. 0732/640054 | **Tipp** Wenn Sie von Urfahr über die Mauthausener Straße in Richtung Steyregg fahren, biegen Sie nach der Abzweigung Richtung Gallneukirchen links in die Lachstattstraße ab. Dort befindet sich die Pleschinger Austernbank, eine Heimstätte seltener Insekten und eine Fundgrube für Fossilien aller Art.

100 Das Jugendstilkraftwerk

Grüne Energie seit bald 100 Jahren

Auch Weltwunder haben ein Ablaufdatum. So sensationell der Schwarzenbergsche Schwemmkanal einmal war, als er im 19. Jahrhundert das Schwemmen unzähliger Stämme über die Wasserscheide hinweg in Richtung Wien ermöglichte, so schnell wurde er obsolet, als die Eisenbahn einen schonenderen und schnelleren Transport von Waren erlaubte.

Eine neue Technologie stand damals schon in den Startlöchern und schien nur auf das Freiwerden der Großen Mühl gewartet zu haben. Mit dem Speicherkraftwerk Partenstein wurde im Jahr 1924 nach fünfjähriger Bauzeit das größte und leistungsstärkste Kraftwerk der jungen Republik Österreich eröffnet. Das modernste natürlich auch. Für die Architektur des Fachwerk-Betonbaus zeichnete Mauriz Balzarek verantwortlich, ein Schüler Camillo Sittes und Otto Wagners.

Einige barocke Elemente der Anlage, wie die Statue des heiligen Nepomuk und ein Barockbrunnen, verweisen auf ein Opfer, das der modernen Technologie gebracht werden musste. Für den Betrieb des Kraftwerks wurde die Große Mühl bei Neufelden aufgestaut, im Stausee versank der Ort Langenstein samt Kirche und Schloss mit Brauerei und Taverne. Die Grundmauern der gesprengten Gebäude sind bei niedrigem Wasserstand noch sichtbar. In einem 5,6 Kilometer langen Stollen strömt das Wasser seither vom See weit unter Kleinzell nach Partenstein. Dort erreicht es bei einer Geländekante eine 371 Meter lange Druckrohrleitung – die erste ihrer Art in Österreich, die nicht genietet, sondern geschweißt wurde – und braust 176 Höhenmeter in die Tiefe. 26.000 Liter Wasser pro Sekunde erreichen so die zwei Francisturbinen des Kraftwerks.

Partenstein ist nach knapp 100 Jahren nach wie vor in Betrieb, aber heute natürlich weit von seiner einstigen Bedeutung entfernt. Respekt verdient das alte Kraftwerk dennoch: Hier nahm die frühe Elektrifizierung des Mühlviertels ihren Anfang.

Adresse Untermühl, 4113 St. Martin im Mühlkreis | Anfahrt von St. Martin zuerst in Richtung Dunzendorf, nach circa 500 Metern beim Wegweiser Richtung Untermühl links abbiegen und der Straße folgen | Öffnungszeiten derzeit nur von außen zu besichtigen, Informationen bei der Gemeinde St. Martin unter Tel. 07232/2105 | Tipp Mit 613 Meter Seehöhe ist der Burgstall im nahen Kirchberg ob der Donau die höchste Erhebung am Strom. Ein hölzerner Aussichtsturm ermöglicht einen weiten Rundumblick.

101 Der gläserne Schlachthof

Nichts zu verbergen

»Es zieht einen richtig hinein«, meinten damals schon die Bauarbeiter. Etwas makaber klingt das hier schon, schließlich steht man vor einem Schlachthof. Allerdings vor einem, dessen Ziel es ist, möglichst keinen Stress bei den Tieren aufkommen lassen. Das bedeutet auch, sie nicht anzutreiben. Ein durchdachtes Lichtkonzept macht die Tiere stattdessen neugierig und führt sie über einen rutschfesten Boden intuitiv in die richtige Richtung.

Es gibt keine rechten Winkel und keine lauten Geräusche. Ist ein Rind in der Schlachtbox angekommen, vergehen 30 Sekunden vom betäubenden Bolzenschuss bis zum Schnitt, der das Tier tötet. Drei Minuten dauert es, bis der Kadaver ausgeblutet ist. 15 Rinder können auf diese Weise pro Stunde geschlachtet werden, maximal 200 sind es in der Woche – weder Mensch noch Tier soll in diesen Momenten gestresst sein.

Geheimnisse gibt es keine. Eine Wand des Schlachthofs ist aus Glas, Interessierte können dabei zusehen, wie das Tier zum Lebensmittel wird: Kopf und Läufe werden abgetrennt, die Haut abgezogen, die Innereien entfernt. Schön ist dieser Anblick nicht immer, aber bei Sonnberg Biofleisch legt man Wert auf bewusste und informierte Kunden. Und auf Qualität statt Quantität. Die Leute sollen weniger Fleisch essen, aber dafür besseres, lautet hier das Credo.

Im »Wurstkino« lernt man in einem kurzen Film die Betriebe kennen, deren Tiere hier geschlachtet werden. Man sieht, wie sich ein Biobauer von seinen Schweinen verabschiedet, und merkt, wie traurig ihn das macht. Und man versteht, dass die Bauern, die sich für Biolandwirtschaft entschieden haben, sorgsam mit Tieren und Pflanzen umgehen, sodass die Aussage »Bio ist die Schlüsseltechnologie für das 21. Jahrhundert« durchaus ihre Berechtigung hat. »Wenn Schlachthäuser Wände aus Glas hätten, wären wir alle Vegetarier«, meinte Paul McCartney einmal – und irrte.

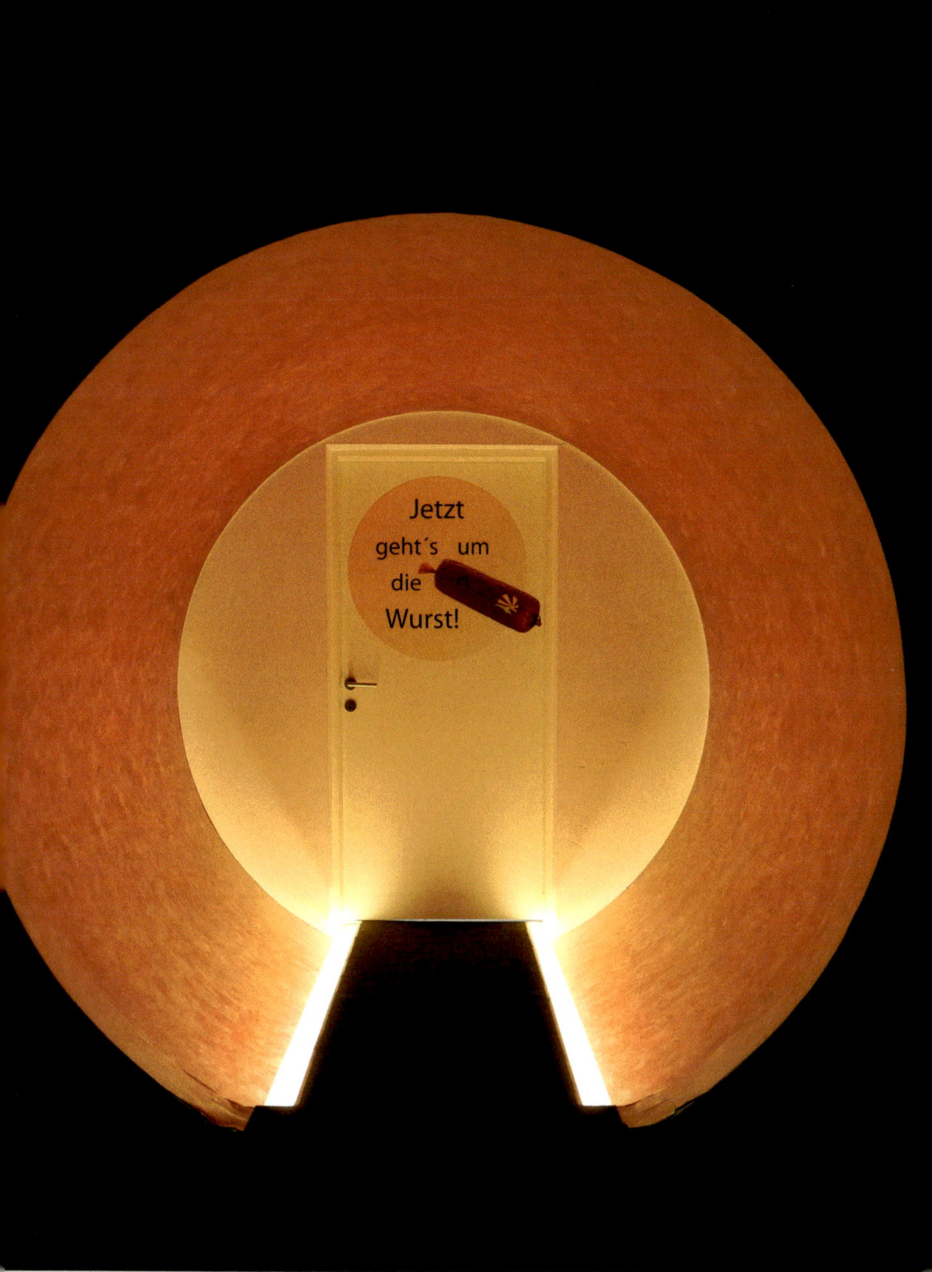

Adresse Nordkamm Landesstraße, 4273 Unterweißenbach | Anfahrt südlich von Unterweißenbach an der Straße in Richtung Königswiesen | Öffnungszeiten »gläserne« Schlachtungen jeden Do 11 Uhr, Wurstkino täglich 11 und 15 Uhr, Führungen nach Voranmeldung unter Tel. 07956/797081 oder per E-Mail an schaubetrieb@biofleisch.biz | Tipp Der Wolfsberg westlich von Unterweißenbach ist über den Wanderweg Nummer 24 gut erreichbar und bietet eine weite Aussicht vom Waldviertel bis zu den Alpen.

102 Die Hammerschmiede

Size matters

Ein schöner Schwanzhammer war der Stolz jedes Schmiedes und sein wertvollster Besitz. 160 Kilo wiegt das besonders elegant geformte Exemplar der Karlinger Schmiede. Das stattliche Gewicht erlaubt die Bearbeitung großer Werkstücke, wobei die schwerste Arbeit, das Heben des Hammers, das Wasser übernimmt. Vom Mittelalter bis ins 20. Jahrhundert hat sich an der einfachen, aber effektiven Technik nicht viel geändert: Ein Wasserrad mit drei Metern Durchmesser dreht einen »Grindl« genannten Holzstamm, im Fall der Karlinger Hammerschmiede stammt er von einer 200-jährigen Osttiroler Lärche. 1.500 Kilo ist dieser Grindl schwer, an dessen anderem Ende eine Nockenwelle das Ende des Hammerstiels in regelmäßigen Abständen hinunterdrückt. Dieser Stiel ist wie eine Wippe auf einem Kinderspielplatz an einer Achse befestigt. Dadurch wird der Hammerkopf, den Schmiede »Bär« nennen, immer wieder hochgehoben und donnert dann mit seinem ganzen Gewicht auf den Amboss.

Je nach Wasserzufuhr klopft der schwere Hammer scheinbar spielend leicht in schnellerem oder langsamerem Rhythmus und macht dabei einen Höllenlärm – Schmiede wurden früh taub, und auch dem Besucher klingen schon nach wenigen Minuten neben dem laut vor sich hin klopfenden Hammer die Ohren. 300 Jahre lang herrschte täglich von früh bis spät ohrenbetäubendes Getöse in der alten Schmiede an der kleinen Naarn, über deren Esse die Jahreszahl 1698 prangt. Die Karlinger Hammerschmiede zählt damit zu den ältesten in ganz Österreich. Der Hammer ist etwas jünger, er trägt die Jahreszahl 1736.

Unterweißenbach war der Sitz der Huf- und Hammerschmiedezunft des Unteren Mühlviertels. Die ausgezeichnet instand gehaltene Karlinger Hammerschmiede ist der letzte Rest einer jahrhundertealten Tradition, die nur noch gelegentlich zum Leben erwacht. Besucher können bei einer Führung einen Nagel für zu Hause schmieden.

Adresse Grafenschlag 16, 4273 Unterweißenbach | Anfahrt etwas außerhalb von Unterweißenbach an der Riedmark Landesstraße in Richtung Liebenau, dem Wegweiser zur Schmiede folgen | Öffnungszeiten nach Vereinbarung unter Tel. 07956/7354 | Tipp Ein steiler Kreuzweg führt von Unterweißenbach hinauf zur Kaltenberger Wallfahrtskirche. Etwas weiter nördlich der Kirche befindet sich ein altes Augenbründl – für vom Schmiedehammer taub gewordene Ohren gibt es leider nichts.

103 Das Atelier Ruprecht

Schmutz und Schund in Alturfahr

Er habe »in gewinnsüchtiger Absicht unzüchtige Abbildungen« ausgestellt und damit »die sittliche Entwicklung jugendlicher Personen durch Reizung der Lüsternheit oder Irreleitung des Geschlechtstriebes« gefährdet, lautete die Anklage. Wer mit diesem Hintergrundwissen die entsprechenden Gemälde betrachtet, wird womöglich enttäuscht sein. Die Anklageschrift gibt nämlich ausschließlich Auskunft über den wohl tatsächlich irregeleiteten Geschlechtstrieb des Staatsanwalts, der sie verfasst hat. Über die Bilder erfährt man nichts. Spoiler: Den heutigen Betrachter werden sie kaum schockieren.

Im April des Jahres 1960 war das anders. Der Galerist Engelbert Kliemstein stellte damals in einem Café an der Linzer Landstraße Bilder des 27-jährigen Malers Erich Ruprecht aus, darunter auch Aktgemälde, die im Land Gustav Klimts und Egon Schieles eigentlich niemanden aufregen konnten – sollte man meinen. Doch die Wiener Moderne lag zwei Weltkriege und damit eine Ewigkeit zurück. Im Nachkriegs-Österreich galten andere ästhetische Maßstäbe. Ruprecht wurde zu einem Monat schwerem Arrest verurteilt, die Bilder beschlagnahmt. Jahrzehntelang galten sie als verloren, ehe sie in den 1990er Jahren wieder auftauchten.

Nach wie vor verbringt Erich Ruprecht, für den der Prozess zwar eine unverhoffte Werbung, die Verurteilung und Beschlagnahmung seiner Bilder aber einen schweren Schock dargestellt haben, seine Tage in seinem Atelier in Alturfahr. Wer neugierig durch die stets offene Tür spaziert, wird sich unverhofft in einer der leidenschaftlichen Diskussionen wiederfinden, die der alte Künstler dort mit seiner Schülerin Dorothée führt, mit der er sich seit Jahren das Atelier teilt. Ihre Ausflüge ins Abstrakte sind dem stets gegenständlich gebliebenen Ruprecht nämlich ein Dorn im Auge – doch machen Sie sich beim nächsten Spaziergang in Urfahr einfach selbst ein Bild!

Adresse Kreuzstraße 9, 4040 Linz-Urfahr | ÖPNV Straßenbahn 1, 2 oder 3, Haltestelle Rudolfstraße | Öffnungszeiten Atelier vormittags meistens zugänglich, Anfrage unter Tel. 0650/2402433 | Tipp Viel ist vom einst so idyllischen Alturfahr West, an dessen Stelle das Neue Rathaus erbaut wurde, nicht geblieben – ein wenig von der alten Romantik vermittelt ein Bummel durch die Ottensheimer Straße, die Talgasse oder die Gasse Im Tal. Im Sommer die Badehose nicht vergessen – es lockt die Copa Urfahrana.

104_Der Königsweg

Royale Sackgasse hoch über der Linzer Pforte

»Königsweg«, so nennt man gemeinhin den kürzesten oder besten Weg von A nach B. In diesem Fall war er viele Jahrhunderte lang schlicht der einzige: Wer von Urfahr nach Puchenau wollte, musste bis zum Bau der Rohrbacher Bundesstraße in den 1950er Jahren einen befestigten Weg nehmen, der weit oben im Steilhang der Urfahrwänd durch das hier besonders enge Donautal führte.

Der Urfahrer Königsweg beginnt oberhalb des Gasthauses Spatzenbauer und endet nach gerade einmal 200 Metern – allerdings nur scheinbar: Neben dem Gittertor, das die Straße versperrt, führt ein schmaler Weg in Richtung Kleingartenanlage. Diesen Durchgang kann man auch nehmen, um auf dem alten Pfad geradeaus weiterzuspazieren. Besonders lohnend ist die Tour im Frühling und im Herbst, wenn der dichte Bannwald noch nicht oder nicht mehr belaubt ist und immer wieder Ausblicke über das Donautal freigibt. Steinmauern schützten einst Fuhrwerke vor einem Absturz in den gähnenden Abgrund. In den 1970er Jahren wurde der geschichtsträchtige Weg zum Naturlehrpfad umgestaltet, doch damit war es nach wenigen Jahren schon wieder vorbei. Die Verbreiterung der Rohrbacher Bundesstraße machte Hangsicherungsmaßnahmen nötig, der alte Verbindungsweg wurde dadurch nach etwa einer Viertelstunde Gehzeit unpassierbar. Dass man derzeit auf dem verbliebenen Teilstück des unter Naturschutz stehenden Gebiets nicht nur die Vöglein zwitschern hört, liegt an einer weiteren Großbaustelle, die für eine dauerhafte Geräuschkulisse sorgen wird: Weit unterhalb des Königswegs wurde ein Autobahntunnel durch den Berg getrieben, der Linzer Westring wird in Zukunft die Landschaft rund um die Linzer Pforte prägen.

Angesichts des Aufwandes für diese Stadtautobahn drängt sich die Frage auf, was es wohl gekostet hätte, auch gleich den alten Fußweg wieder in voller Länge herzustellen – das wäre nämlich wirklich ein königliches Vergnügen.

Adresse Ausgangspunkt: Urfahrer Königsweg 9, 4040 Linz-Urfahr | **ÖPNV** Einstiegsstelle nur wenige Gehminuten vom Pöstlingbergbahnhof (Straßenbahn 3) aus zu erreichen oder von der Haltestelle Bruckneruniversität (Pöstlingerbergbahn) entfernt | **Tipp** Nicht nur die Fahrt mit ihr, auch das Museum der Pöstlingbergbahn in der historischen Talstation ist ein Erlebnis (März–Nov. an Wochenenden, Eintritt frei).

105 Der Urnenhain

Expressionistische Baukunst im Friedhof

Julius Schulte war einer der bedeutendsten oberösterreichischen Architekten an der Schwelle vom Jugendstil zur Moderne. Mit der Weberschule in Alturfahr, zahlreichen Wohnbauten und der eindrucksvollen Fassade des ehemaligen Rathauses am Hinsenkampplatz prägte der 1881 in Steyrermühl geborene Architekt und Linzer Baurat auch das Urfahraner Stadtbild entscheidend mit.

Eines von Schultes umstrittensten Projekten war die Urfahraner Feuerhalle. Das Recht auf Feuerbestattung zählte zu den wichtigsten Anliegen der frühen Sozialdemokratie, von der katholischen Kirche wurde es jedoch als »unchristlich« bekämpft. Erst nach dem Zusammenbruch der Monarchie, als die Reichshaupt- und Residenzstadt der Habsburger zum Roten Wien der Zwischenkriegszeit geworden war, konnte dort im Jahr 1923 die erste Einäscherung erfolgen. Wenig später begann man auch in Linz mit der Anlage eines von einem Urnenhain umgebenen Krematoriums. Als Standort wählte man das »Stadtwäldchen« der erst 1919 von Linz eingemeindeten, mit damals etwa 15.000 Einwohnern größten Stadt des Mühlviertels: Urfahr.

Julius Schulte plante die Anlage, die den Charakter des alten Stadtwäldchens beibehalten hat und heute noch zu den schönsten und stimmungsvollsten Friedhöfen des Landes zählt. Die Feuerhalle hat zwar seit dem Bau eines neuen Krematoriums im Jahr 2003 ihre Funktion verloren, ist aber nach wie vor das Zentrum und der architektonische Höhepunkt des Urnenhains. Schon beim Spaziergang entlang des Diesenleitenbachs und der von liebevoll gestalteten Gräbern gesäumten, verschlungenen Wege des Urnenwäldchens ist das gekrönte kegelförmige Spitzdach des runden Zeremoniensaals immer wieder ein Blickfang. Zu den ersten Verstorbenen, die dort eingeäschert wurden, zählte der Architekt selbst: Er starb 1928, noch vor Fertigstellung der Anlage, die seine Schüler vollendeten.

Adresse Urnenhainweg 8, 4040 Linz-Urfahr | ÖPNV Zugang an der Freistädter Straße, ideal mit dem Bus 33 erreichbar | Öffnungszeiten Besichtigung der Feuerhalle nur nach Voranmeldung bei Peter Roland unter Tel. 0732/34006714 | Tipp Mit dem Bus 33 geht es an schönen Tagen am besten gleich weiter zum Pleschingersee in Steyregg, einer zum Naherholungsgebiet gewordenen ehemaligen Schottergrube.

106 Der letzte Wachszieher

Duftende Reise in die stromlose Vergangenheit

Wenn die Bienen erste Ermüdungserscheinungen zeigen, wird Gerhard Wimmer fleißig: Ende August holt er die Wabenrahmen seiner Bienenvölker aus den Stöcken. In einer Kupferwanne werden die Rahmen in heißem Wasser gekocht – intensiver Duft nach Bienenwachs erfüllt den Raum, das Wachs löst sich aus den Rahmen und schwimmt oben auf dem Wasser. Danach kann die eigentliche Arbeit losgehen.

Gerhard Wimmer ist Wachszieher. Früher waren es allein im kleinen Waldhausen im Strudengau vier Bauern, die gezogene Wachsstöcke herstellten. Heute ist er der letzte – und zwar in ganz Österreich. Kaum jemand weiß überhaupt noch, was ein Wachsstock ist, dabei hatte den einmal so gut wie jeder in der Hosentasche. Man brauchte die langen, dünnen, zusammengerollten Wachskerzen in Zeiten, als es noch kein elektrisches Licht gab, zum Beispiel in der Kirche, um im Liederbuch mitlesen zu können. Geblieben sind von damals nur die Brandflecken auf alten Kirchenbänken.

Die Werkzeuge, mit denen Gerhard Wimmer einen langen Docht durch flüssiges heißes Wachs und dann durch eine Metallplatte mit verschieden großen Löchern zieht, sind über 200 Jahre alt. 30 Mal wandert der Docht durch das Wachsbad und die immer größer werdenden Löcher. Pause gibt es dabei natürlich keine, damit der künftige Wachsstock warm und biegsam bleibt. Nach drei Stunden ist die richtige Stärke erreicht, der auf einer großen hölzernen Spule aufgewickelte Docht wird nun in Form gebracht und zum »Vierling« oder zum »Halbvierling« gewickelt – das praktische, längliche Format für die Hosentasche. Häufiger nachgefragt ist der Wachsstock heute als originelle Kerze, für die es auch schmiedeeiserne Halterungen gibt.

Bis Mariä Lichtmess arbeiten Gerhard und Roswitha Wimmer an den Wachsstöcken, dann werden sie geweiht. In der nach Wachs duftenden alten Stube im Unterlehnerhof wird es ruhig. Bis zum nächsten August.

Adresse Dendlreith 15, 4391 Waldhausen im Strudengau | Anfahrt in Waldhausen am Stift vorbei, in die Sarmingstraße einbiegen, dieser bis zum Wegweiser »Wimmer/Unterlehner« folgen | Öffnungszeiten nach Voranmeldung unter Tel. 07260/4454 | Tipp Waldhausen ist berühmt für seine frühbarocke Stiftskirche, die das Raumgefühl einer Kathedrale verströmt. Gruselige Naturmumien gibt es dort auch.

107_Die Höhle

Sicher ungemütlich

Immerhin weiß man, wozu sie nicht angelegt wurden: zur Unterbringung von Tieren. Ansonsten geben die »Erdstall« genannten unterirdischen Anlagen, von denen sich einige besonders bekannte Beispiele im Mühlviertel befinden, zahlreiche Rätsel auf. Das wichtigste: Wozu dienten sie wirklich? Viele der verborgenen Gänge und Kammern sind so beschaffen, dass man sie weder als Versteck noch zum Lagern von Lebensmitteln gebrauchen konnte. Enge Durchschlupfe lassen manche vermuten, sie seien eher zu kultischen Zwecken gegraben worden.

Im Fall des Erdstalls bei Wartberg hingegen gibt es schon aufgrund des tradierten Namens wenig Zweifel am Zweck des in einen Steilhang getriebenen Tunnels: Die »Flehlucka« dürfte von Anfang an ein Versteck gewesen sein, in dem sich die Menschen der Umgebung vor durchziehenden Heeren oder Söldnerbanden schützten. Von denen gab es in den 800 Jahren, die seither vergangen sind, mehr als genug.

Ein besonders prominenter Flüchtling, der sich auch in der Wartberger Flehlucka versteckt haben soll, war Bauernadvokat Michael Huemer. Der aufgrund seiner für einen Bauernsohn ungewöhnlichen Bildung im Jahr 1812 zum Gemeinderichter von Katzbach ernannte Huemer setzte sich so nachdrücklich und erfolgreich für die Rechte der Bauern ein, dass er schon nach vier Jahren wieder seines Amtes enthoben wurde. Als er unter dem Metternich-Regime 1820 wegen Störung der öffentlichen Ordnung verhaftet wurde, ging er in den Untergrund – und konnte bis zu seinem Tod im Jahr 1849 nicht gefasst werden. Noch während dieser Zeit hielt er Sprechstunden ab und unterstützte die Bauern in Rechtsfragen. Sie dankten es ihm mit unverbrüchlicher Solidarität, wie die lange Zeit seiner Flucht beweist. Bei einem Besuch in der Flehlucka bekommt man eine Ahnung davon, wie strapaziös dieses Leben gewesen sein muss. Taschenlampe nicht vergessen!

Adresse Reitling 26, 4231 Wartberg ob der Aist | Anfahrt über den Kapellenweg südlich von Wartberg zum Schreinerweg, dort zuerst rechts, dann links in die Lamplgasse einbiegen, dem Straßenverlauf folgen, dann weiter nach Schönreith, Wegweiser bis zum Parkplatz in der Nähe der Flehlucka | Tipp Mit der Geschichte des Bauernadvokaten eng verbunden ist das Weiglmüllergut im Weiglmühlenweg 9 im nahen Oberwögern – heute ein an Wochenenden geöffnetes Mühlenmuseum und eine beliebte Jausenstation.

108 Bei Lore

Selbst ist die Frau

Cocktails mochte Regina Prigliner-Simader schon immer. Als die zertifizierte Edelbrand-Sommelière 2012 mit ihrem Mann den Bauernhof der Familie übernahm, war es dort mit der Milchviehwirtschaft vorbei. Immerhin gab es rund um den Lorenzhof auch genug Zwetschken- und andere Obstbäume, um Schnaps zu brennen. So richtig verdankt die Brennmeisterin ihren Erfolg aber einem Betriebsunfall: Sie hatte vor, für einen Weihnachtsmarkt unter dem Motto »Alles Kartoffel« Wodka zu brennen, doch drei Tage vor Beginn wurde die Maische schlecht. Die Lösung: »Dann machen wir halt Gin!« Genau das, was Regina nie wollte, denn Gin kann schließlich jeder. Ein bisschen Wacholder zum Korn geben, noch einmal brennen, fertig. Aber irgendetwas gelang ihr dabei dennoch besser als den anderen, was womöglich auch daran lag, dass sie eigenes Weizendestillat als Basis für ihren Gin verwendet – und das kann eben doch nicht jeder. 2018 fragten die Veranstalter einer Charity-Oldtimertour, ob sie größere Mengen davon produzieren könne. Man wollte Gin Tonic ausschenken.

Die Gin-Produktion war für Regina, die mittlerweile ihren eigenen Wacholder anbaute, kein Problem – aber wollten die wirklich industrielles Tonic Water in ihren guten Gin schütten? Ein unerträglicher Gedanke. Sie besorgte sich Chinarinde und braute das Getränk selbst. Auch das mit durchschlagendem Erfolg, längst gibt es drei verschiedene Geschmacksrichtungen der Mühlviertler Bitterlimonade. Und sie soll bald noch regionaler werden, wenn erst geeignete Chinarindenbaum-Setzlinge gefunden sind.

2019 ging die Brennmeisterin den nächsten Schritt: Aus dem alten Kuhstall wurde eine moderne Schaudestillerie. Der Lorenzhof ist damit Geschichte. Da sie als weibliche Brennmeisterin die Destillerie mit drei Mitarbeiterinnen betreibt, sollte auch der Hofname weiblich werden: Aus Lorenz wurde Lore.

Adresse Höf 29, 4182 Waxenberg, www.waxenberger-edelbrände.at | Anfahrt von Zwettl über die Oberneukirchner Straße nach Wysenberg, dort über die Hansberg Landesstraße nach Höf, der Beschilderung folgen | Öffnungszeiten Mo–Fr 9–11.30 und 14–17.30 Uhr | Tipp Einer der erfolgreichsten Waxenberger Brände wird aus Gramastettner Krapferln gemacht – die Backstube der Familie Mayr lohnt den Ausflug (www.hummels-krapferl.at).

109 Der Weinbau Gmeiner

Angewandte Solartechnik aus dem Machland

777 trat das Mühlviertel in die Geschichte ein – und zwar als Weinland, wie aus einer Schenkungsurkunde von Herzog Tassilo hervorgeht. Noch im Hochmittelalter wurde in Oberösterreich mehr Wein angebaut als in Niederösterreich, dem Weinland par excellence. Doch die kleine Eiszeit, die Reblaus und vor allem die Konkurrenz der bayerischen Bierbrauereien, die auf den oberösterreichischen Markt drängten, machten dem Weinbau im Land ob der Enns um 1700 den Garaus. Nur noch Orts- und Flurnamen, die mit »Wein« beginnen, bewahren die Erinnerung daran.

Weinzierl zum Beispiel. Dort übernahm 2010 Leo Gmeiner nach seinem Studium den Hof der Eltern, die auf 30 Hektar Ackerbau und eine Schweinezucht betrieben hatten. Gmeiner junior spezialisierte sich lieber auf Nischenprodukte: Braugerste, Speisesoja, Wachsmais zum Beispiel. Und Wein. Dem galt schon seit Jahren die Leidenschaft des jungen Ehepaars Gmeiner. Bei der Lese am Neusiedlersee und der Mitarbeit im Betrieb eines Joiser Winzers reifte schließlich die Idee, es eines Tages selbst mit Wein zu versuchen – und zwar zu Hause im Mühlviertel.

Sowenig es sich beim Ortsnamen Weinzierl um einen Zufall handeln kann, sowenig wollten die Gmeiners bei ihrem Wein dem Zufall überlassen. Sie ließen Bodenproben analysieren, beobachteten das Kleinklima und nahmen sich viel Zeit für die Sortenberatung. Der kalkreiche Sand- und Lössboden und die starken Temperaturunterschiede gaben den Ausschlag für die früh reifenden Sorten Bouvier, Chardonnay, Roesler und Zweigelt. Veltliner gibt es keinen, »den machen genug andere«. Der Erfolg gibt den Weinzierlern recht: Bei Falstaff und Co. belegen die Exoten aus dem Mühlviertel längst Spitzenplätze. Studiert hat Leo Gmeiner eigentlich Solartechnik. Durchaus passend, denn schon Plato war der Ansicht, dass die schönste Form von eingefangenem Sonnenlicht der Wein ist.

Adresse Weinzierl 8, 4320 Perg | **Anfahrt** westlich von Perg, über die Donau Straße B3 gut erreichbar | **Öffnungszeiten** Besuch nach Voranmeldung unter Tel. 0699/11726457 oder Tel. 07262/53220 | **Tipp** Weinzierl ist auch für andere »exotische« Produkte ein lohnendes Ziel: Im Selbstbedienungsladen des Nachbarbetriebs von Leopold Holzer gibt es bestes Mühlviertler Kürbiskernöl zu kaufen.

110_Der Galgen

Denken statt fürchten

Der steirische Ritter Christoph Haym war seinem Kaiser ein treuer Gefolgsmann gewesen und hatte tapfer gegen Franzosen und Türken gekämpft. 1567 wurde er mit der Herrschaft Reichenstein belehnt, zu der auch Weitersfelden zählte, und machte sich bei seinen Untertanen recht schnell unbeliebt. Um den Umbau der Burg Reichenstein zum Renaissanceschloss zu finanzieren, erhöhte er allerlei Abgaben. Dass er im Gegensatz zu den weitgehend protestantischen Mühlviertlern Katholik war, entspannte die Lage nicht. Der Reichensteiner Robotaufstand brach los. Ritter Haym ließ einen weithin sichtbaren Galgen aufstellen – den er auch zu benützen gedachte. Doch damit überschritt er seine Kompetenzen, die Blutgerichtsbarkeit lag schließlich in Freistadt, wo man die Amtsanmaßung nicht durchgehen ließ. Es kam zum Prozess, Ritter Haym musste eine Geldstrafe bezahlen. Abtragen ließ er den illegalen Galgen freilich nicht. Vielleicht fehlte ihm ja die Zeit dazu. 1571, ein Jahr nach Errichtung des Weitersfeldner Galgens, wurde Haym aus dem Hinterhalt erschossen, vermutlich vom Bauernführer Siegmund Gaisrucker.

Für die Bevölkerung änderte sich wenig, da Chistoph Hayms Sohn Hans seinem Vater an Grausamkeit in nichts nachstand. Der Galgen diente einmal sogar tatsächlich als Richtstätte: Ein Wilderer und Mörder wurde hier 1742 exekutiert, allerdings nicht durch den Strang, sondern durch das Schwert.

Um den unbenützten Galgen, der im 20. Jahrhundert restauriert wurde, ranken sich heute noch allerlei schaurige Legenden. Von abschreckender Wirkung kann aber längst keine Rede mehr sein. Zum einen ist er von hohen Bäumen umgeben, sodass man ihn erst aus nächster Nähe entdeckt, zum anderen verbreitet er als Station des Johanneswegs eine Botschaft, mit der seine Erbauer wenig anzufangen gewusst hätten: »Sei tolerant gegenüber deinem Gesprächspartner und akzeptiere auch seine Vorstellungen.«

Adresse 4272 Weitersfelden | **Anfahrt** über die Gutauer Bezirksstraße von Weitersfelden in Richtung St. Leonhard bei Freistadt, bei der Robischbauernkapelle rechts in den Güterweg Strassreit abzweigen, Galgen in der Nähe der 1. Kreuzung (Langfirling), dort dem Fußweg in den Wald folgen | **Tipp** Der lilienförmige Johannesweg, der den Galgen passiert, ist 84 Kilometer lang und führt in vier Tagesetappen an insgesamt zwölf Meditationsorten vorbei (www.johannesweg.at).

111_Das Green Belt Center

Vom Freiwald zur Todeswand und zurück

Um die Grenze noch abschreckender zu machen, wollte die tschechoslowakische Armeeführung ihre Grenzsoldaten mit besonders grimmigen Hunden ausstatten. Sie ließ Schäferhunde mit Karpatenwölfen kreuzen. Den daraus entstandenen Tschechoslowakischen Wolfhund gibt es noch heute. Er ist kräftig und intelligent, hat aber die Schärfe des Schäferhunds verloren und gilt als sehr schreckhaft. Für den Dienst an der Grenze ist er gänzlich ungeeignet.

Neben skurrilen Episoden wie dieser spielten sich an der Grenze vor allem tragische Geschichten ab, nachdem sie zum Eisernen Vorhang geworden war. Die meisten Toten hatten die Grenzschützer selbst zu verzeichnen: 648 von ihnen kamen zwischen 1950 und 1989 ums Leben, vor allem durch Suizide oder Unfälle. Auch 110 Schmuggler und Schlepper sowie 280 Flüchtlinge starben an der Grenze, die ein Gebiet durchschnitt, das einmal »Freiwald« geheißen hatte.

Wer dort in der frühen Neuzeit ein Stück Wald rodete, war keinem Grundherrn unterstellt. Damit war es bald wieder vorbei, doch der Name bewahrt die Erinnerung an die »auf ewige Zeit ohne Beeinträchtigung« versprochene Freiheit. Die wechselvolle Geschichte dieses Raumes vom Mittelalter bis ins 21. Jahrhundert ist einer der drei Schwerpunkte des Green Belt Center in Windhaag, das Museum, Veranstaltungszentrum und Reisebüro unter einem Dach vereint.

Sein zweiter Hauptbereich ist der Flora und Fauna des Lebensraums gewidmet, zu dem sich der Todesstreifen in den letzten 30 Jahren gewandelt hat. Statt Posten mit Hunden streifen heute richtige Wölfe durch einen Teil des 12.500 Kilometer langen Naturraums. Auch Luchse und Wildkatzen haben sich wieder angesiedelt.

Im »Zukunftsraum« wird überlegt, was aus diesem gemeinsamen Schatz einmal werden soll. Erkunden und erleben kann man ihn hier und heute. Das dreisprachige Museum für Vergangenheit, Gegenwart und Zukunft ist dafür ein idealer Ausgangspunkt.

Adresse Markt 11, 4263 Windhaag bei Freistadt, Tel. 07943/61383 | **Anfahrt** von Freistadt zunächst nach Norden in Richtung Wullowitz fahren, bei Vierzehn rechts Richtung Lichtenau abbiegen, der L1480 bis Windhaag folgen | **Öffnungszeiten** Sa 10–12 und 13–17 Uhr, So 13–17 Uhr | **Tipp** Kurz nach Mairspindt zweigt eine schmale Straße von der nach Leopoldschlag führenden Maltsch Bezirksstraße rechts ab. Sie führt zu einer steinernen Brücke über die Maltsch, die zur Regierungszeit König Ottokars errichtet wurde.

1
Horní Planá
TSCHECHIEN
DEUTSCHLAND
ÖSTERREICH
Breitenberg
Klaffer am Hochficht
Ulrichsberg
Julbach
Aigen-Schlägl
Nebelberg
Sankt Oswald bei Haslach
Peilstein im Mühlviertel
Oepping
Kollerschlag
Wegscheid
Lichtenau im Mühlkreis
Rohrbach-Berg
Haslach an der Mühl
Oberkappel
Sarleinsbach
Helfenber
Putzleinsdorf
Lembach im Mühlkreis
Sankt Peter am Wimberg
Sankt Johann am Wimberg
Altenfelden
Neufelden
Hofkirchen im Mühlkreis
Niederkappel
Kleinzell im Mühlkreis
Sankt Veit im Mühlkre
Niederwaldkirchen
Waldkirchen am Wesen
Herzogsdorf
Sankt Martin im Mühlkreis
Haibach ob der Donau
Donau
Aschach an der Donau
Peuerbach
Feldkirchen an der Donau
Walding
N
0
2 km
89
87
91
88
45
9
36
37
2
67
59
95
47
62
81
26
25
1
64
28
34
33
52
98
60
61
14
46
35
100
72
94
69

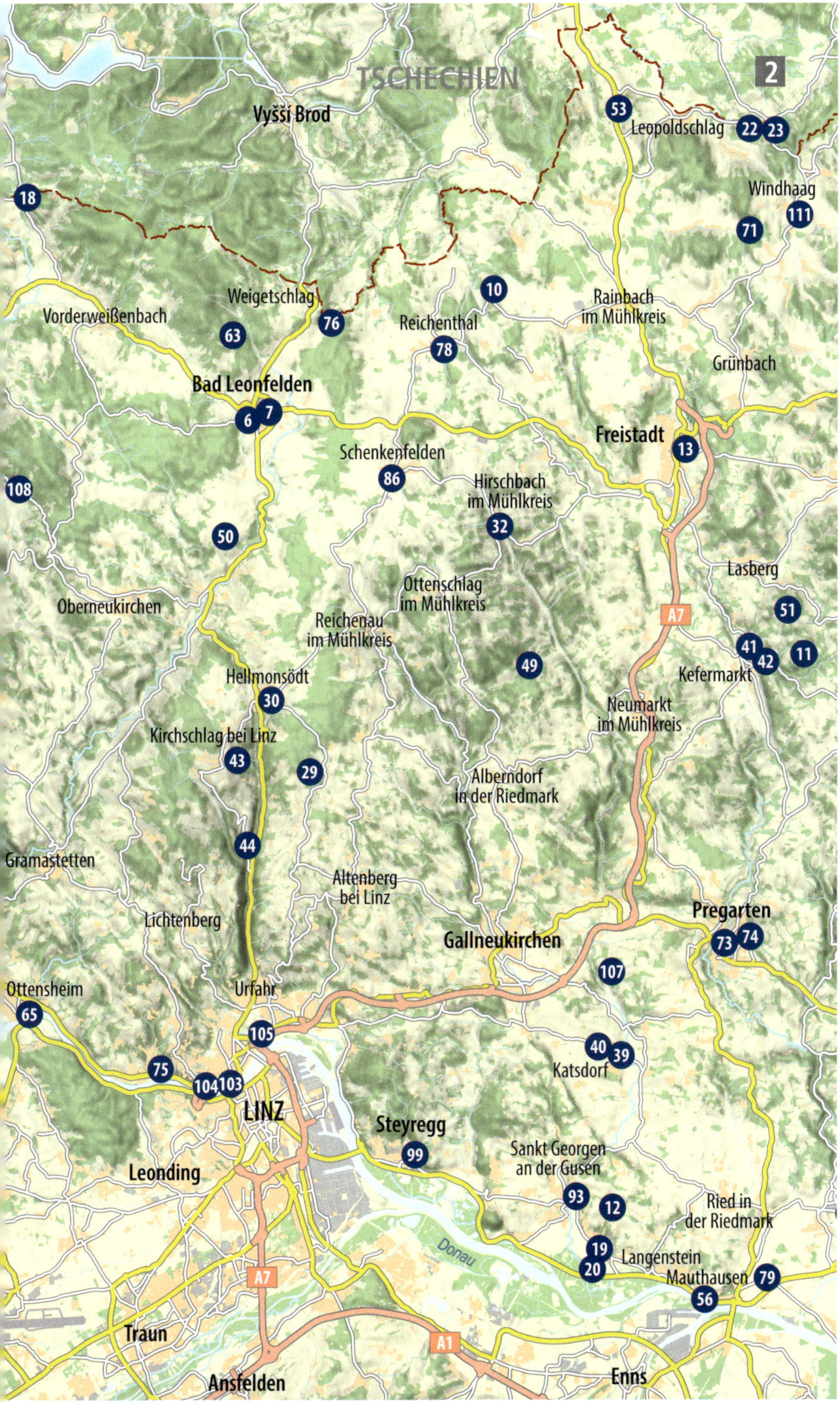
2
TSCHECHIEN
Vyšší Brod
Leopoldschlag
Windhaag
Weigetschlag
Vorderweißenbach
Reichenthal
Rainbach im Mühlkreis
Grünbach
Bad Leonfelden
Freistadt
Schenkenfelden
Hirschbach im Mühlkreis
Lasberg
Oberneukirchen
Ottenschlag im Mühlkreis
Reichenau im Mühlkreis
A7
Kefermarkt
Hellmonsödt
Neumarkt im Mühlkreis
Kirchschlag bei Linz
Alberndorf in der Riedmark
Gramastetten
Altenberg bei Linz
Lichtenberg
Pregarten
Gallneukirchen
Ottensheim
Urfahr
Katsdorf
LINZ
Steyregg
Leonding
Sankt Georgen an der Gusen
Ried in der Riedmark
Donau
Langenstein
Mauthausen
Traun
A1
Ansfelden
Enns
53 22 23 18 111 71 10 76 63 78 6 7 13 86 108 32 50 51 41 42 11 49 30 43 29 44 73 74 107 65 105 40 39 75 104 103 99 93 12 19 20 79 56

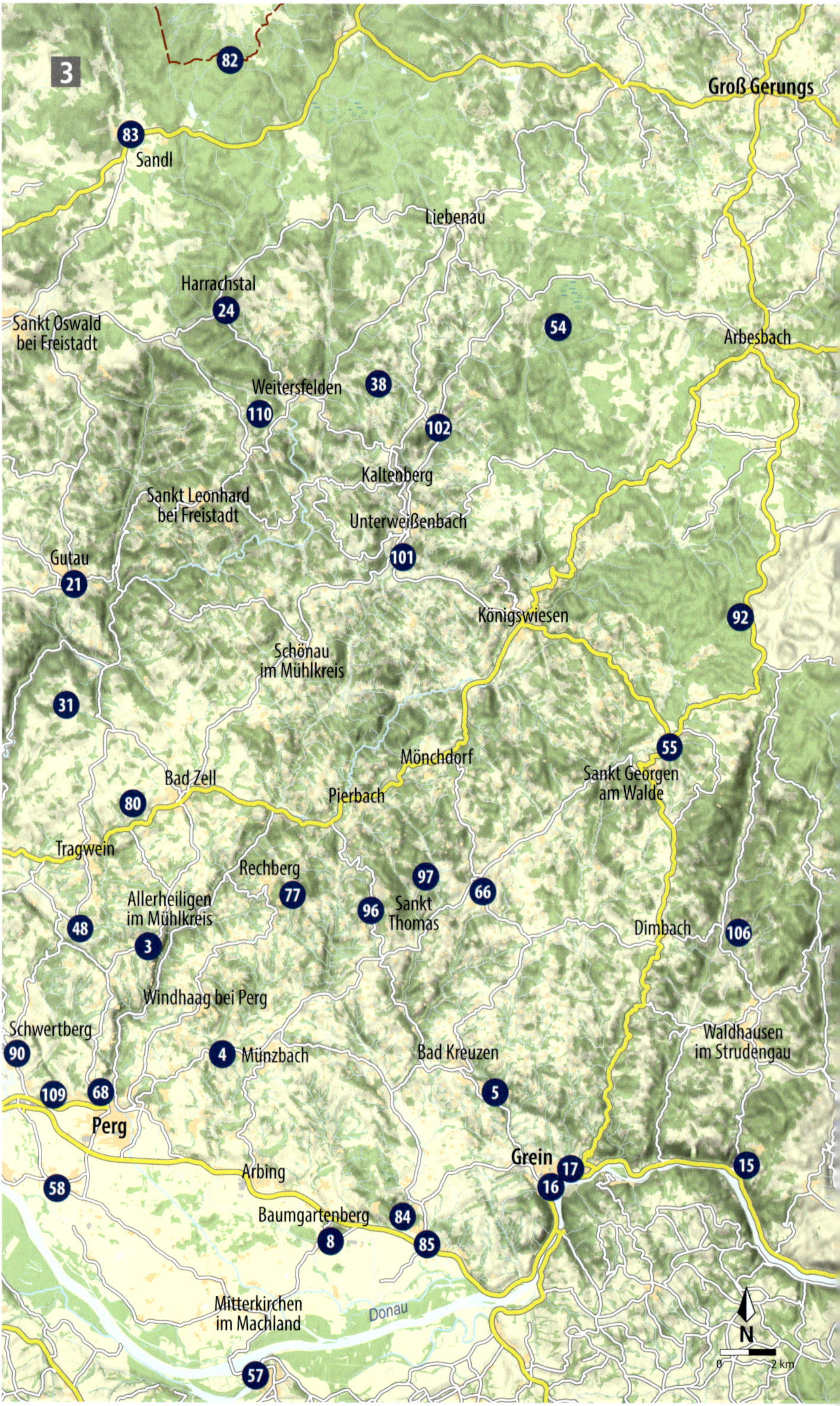
3
82
83
Sandl
Groß Gerungs
Liebenau
Harrachstal
24
Sankt Oswald bei Freistadt
54
Arbesbach
38
Weitersfelden
110
102
Kaltenberg
Sankt Leonhard bei Freistadt
Unterweißenbach
Gutau
101
21
Königswiesen
92
Schönau im Mühlkreis
31
Mönchdorf
55
Bad Zell
Pierbach
Sankt Georgen am Walde
80
Tragwein
Rechberg
97
Allerheiligen im Mühlkreis
77
96
Sankt Thomas
66
48
Dimbach
106
3
Windhaag bei Perg
Schwertberg
Waldhausen im Strudengau
90
4
Münzbach
Bad Kreuzen
109
68
5
Perg
Grein
17
15
16
58
Arbing
Baumgartenberg
84
8
85
Mitterkirchen im Machland
Donau
N
0
2 km
57

Georg Renöckl
111 Orte im Mostviertel, die man gesehen haben muss
ISBN 978-3-7408-1074-0

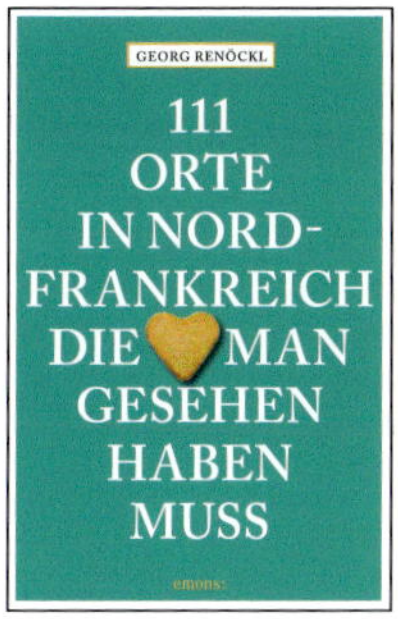

Georg Renöckl
111 Orte in Nordfrankreich, die man gesehen haben muss
ISBN 978-3-7408-0559-3

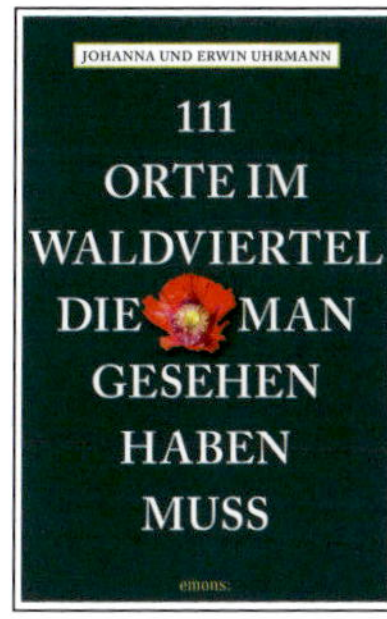

Johanna Uhrmann, Erwin Uhrmann
111 Orte im Waldviertel, die man gesehen haben muss
ISBN 978-3-7408-0346-9

Gerhard Hohlstein, Günther Pfeifer, Franziska Wohlmann-Pfeifer
111 Orte im Weinviertel, die man gesehen haben muss
ISBN 978-3-7408-0843-3

Sabine M. Gruber
111 Orte in den Wiener Alpen, die man gesehen haben muss
ISBN 978-3-7408-1213-3

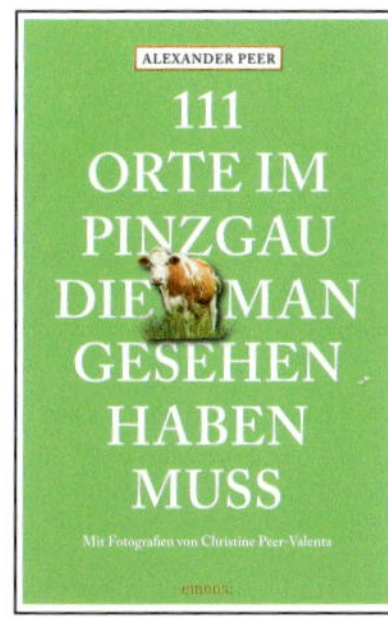

Alexander Peer
111 Orte im Pinzgau, die man gesehen haben muss
ISBN 978-3-7408-1199-0

Walter M. Weiss
111 Orte im Ausseerland, die man gesehen haben muss
ISBN 978-3-7408-1464-9

Peter Eickhoff
111 Orte in Wien, die man gesehen haben muss
ISBN 978-3-7408-1521-9

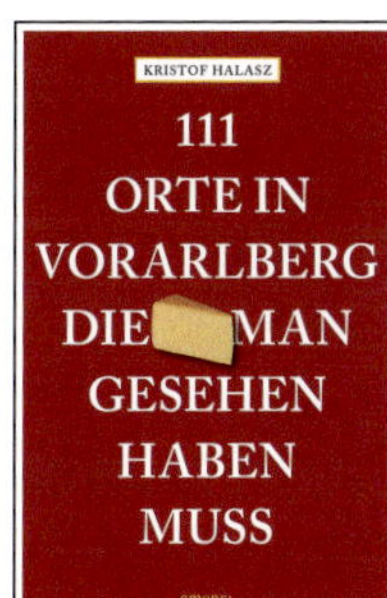

Kristof Halasz
111 Orte in Vorarlberg, die man gesehen haben muss
ISBN 978-3-7408-1570-7

Sophie Reyer
111 Wiener Orte und ihre Legenden
ISBN 978-3-7408-1533-2

Andrea Nagele
111 Orte in Klagenfurt und am Wörthersee, die man gesehen haben muss
ISBN 978-3-7408-1093-1

Rolando N. Grumt Suárez
111 Orte in Hallstatt, die man gesehen haben muss
ISBN 978-3-7408-0858-7

Franz Hlavac, Gisela Hopfmüller
111 Orte in Kärnten, die man gesehen haben muss
ISBN 978-3-7408-1077-1

Bernadette Németh
111 Orte rund um den Neusiedler See, die man gesehen haben muss
ISBN 978-3-7408-1078-8

Monika Schmitz
111 Orte im Lungau, die man gesehen haben muss
ISBN 978-3-7408-1309-3

Susanne Gurschler
111 Orte in Osttirol, die man gesehen haben muss
ISBN 978-3-7408-0847-1

Sabine M. Gruber
111 Orte im Wienerwald, die man gesehen haben muss
ISBN 978-3-7408-0844-0

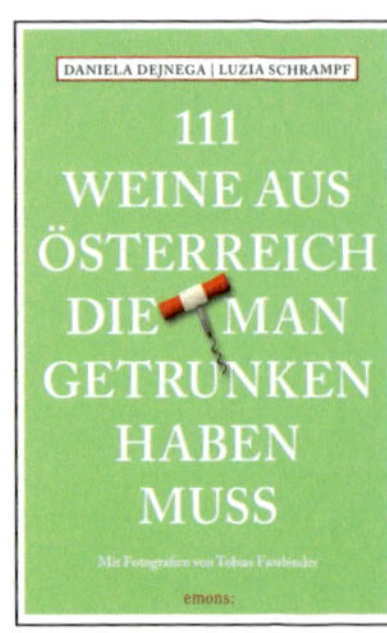

Daniela Dejnega, Luzia Schrampf
111 Weine aus Österreich, die man getrunken haben muss
ISBN 978-3-7408-0618-7

Johanna Uhrmann,
Erwin Uhrmann
111 Orte in der Wachau, die man gesehen haben muss
ISBN 978-3-7408-0565-4

Gerald Polzer, Stefan Spath
111 Orte in der Steiermark, die man gesehen haben muss
ISBN 978-3-7408-0140-3

Robert Preis
111 schaurige Orte in der Steiermark, die man gesehen haben muss
ISBN 978-3-7408-0445-9

Gerald Polzer, Stefan Spath
111 Orte in Graz, die man gesehen haben muss
ISBN 978-3-95451-466-3

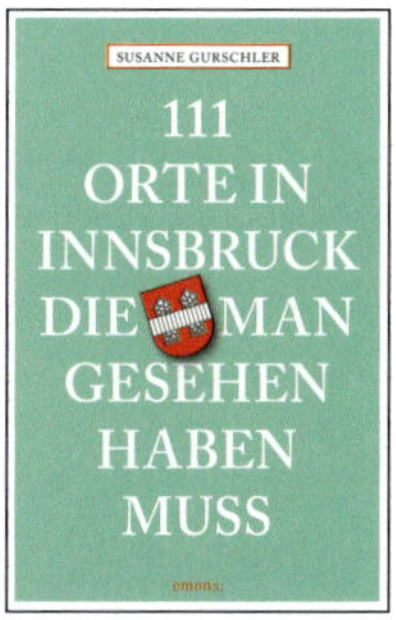

Susanne Gurschler
111 Orte in Innsbruck, die man gesehen haben muss
ISBN 978-3-7408-0343-8

Sabine M. Gruber
111 Orte der Musik in Wien, die man erlebt haben muss
ISBN 978-3-7408-0348-3

Gerald Polzer, Stefan Spath
111 Orte in Oberösterreich, die man gesehen haben muss
ISBN 978-3-95451-857-9

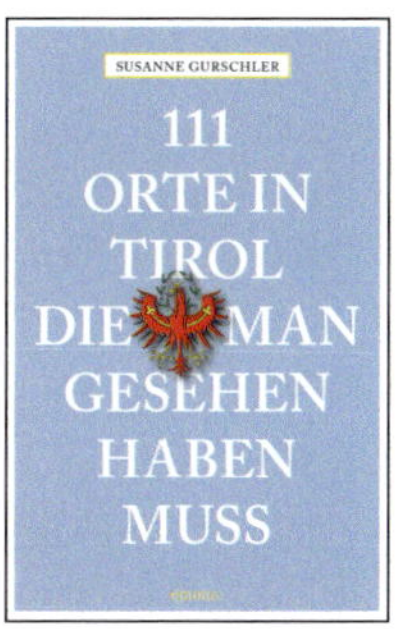

Susanne Gurschler
111 Orte in Tirol, die man gesehen haben muss
ISBN 978-3-95451-834-0

Lisa Graf-Riemann,
Ottmar Neuburger
111 Orte vom Wilden Kaiser bis zum Dachstein, die man gesehen haben muss
ISBN 978-3-7408-0138-0

Evelyn Pschak von Rebay
111 Mal sauguad essen in München
ISBN 978-3-7408-1354-3

Martin Droschke
111 Kirchen in Franken, die man gesehen haben muss
ISBN 978-3-7408-1468-7

Christian Gehl
111 Badeplätze in und um München, die man kennen muss
ISBN 978-3-7408-1423-6

Dorothea Steinbacher
111 Wallfahrtsorte in Oberbayern, die man gesehen haben muss
ISBN 978-3-7408-1284-3

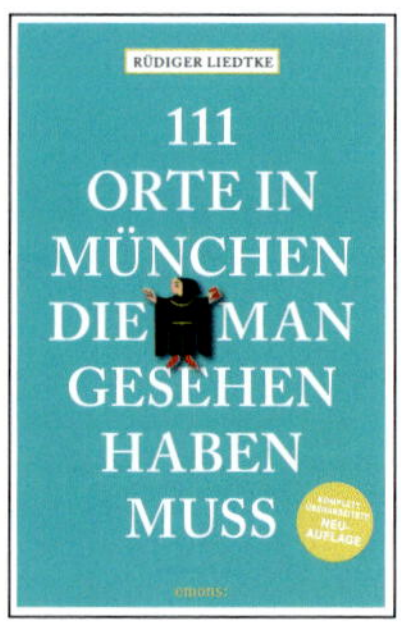

Rüdiger Liedtke
111 Orte in München, die man gesehen haben muss, Band 1
ISBN 978-3-7408-1298-0

Rüdiger Liedtke
111 Orte in München, die man gesehen haben muss, Band 2
ISBN 978-3-7408-1514-1

Rüdiger Liedtke
111 Münchner Meisterwerke, die man gesehen haben muss
ISBN 978-3-7408-1297-3

Christine Hochreiter
111 Orte in und um Passau, die man gesehen haben muss
ISBN 978-3-7408-0733-7

Astrid Süßmuth
111 Orte im Werdenfelser Land, die man gesehen haben muss
ISBN 978-3-7408-0118-2

Danksagung

Mein Dank geht an die Teams der Tourismusverbände Mühlviertler Alm Freistadt, Mühlviertler Hochland und Böhmerwald, die mich bei meiner Arbeit am Buch unterstützt haben. Besonders bedanke ich mich bei Elena Nussbaumer, Hans Hinterreiter und Markus Obermüller.

Danke auch an Alfred Atteneder, Aloisia Breitschopf, Klaus Fürst-Elmecker, Alois Greul, Günther Haider, Veronika Kirchner, Elfi Kotrba, Nikola Lubardic, Greti Meßner, Gerald Puchberger, Karl Sattler, Gerhard Schwandl, Hubert Voigt, Peter Wiclizky – für Hintergrundinformationen, Tipps, Ratschläge, Führungen und vieles mehr!

Immer wieder haben mir bei meinen Recherchen gastfreundliche und hilfsbereite Menschen vor Ort weitergeholfen – an sie alle ein herzliches Dankeschön!

Georg Renöckl, geboren 1976, ist freier Autor und Journalist in Wien, zwischendurch so oft wie möglich auch in Frankreich. Buchveröffentlichungen gibt es zu Wien, Paris, Nordfrankreich und dem Mostviertel.